TADEUSZ DOBROWOLSKI

Wit Stwosz
Ołtarz Mariacki

TADEUSZ DOBROWOLSKI

Wit Stwosz
Ołtarz Mariacki

Epoka i środowisko

Wydawnictwo Literackie

FOTOGRAFIE:
4 i 99 Wojciech Staszkiewicz
Pozostałe zdjęcia wykonał
STANISŁAW KOLOWCA

Projekt obwoluty, okładki s. 1, 3
Zofia Darowska

Redaktor
Władysław Leśniewski

Redaktor techniczny
Wanda Zarychtowa

Printed in Poland
Wydawnictwo Literackie, Kraków 1980
Wyd. I. Nakład 30 000 + 350 egz. Ark. wyd. 11,4. Ark. druk. 11,5 + 6,25 ark. ilustr.
Papier offset. sat. kl. III, 70 × 100 cm, 90 g. Oddano do składania w grudniu 1978.
Podpisano do druku w grudniu 1979. Druk ukończono w marcu 1980 r.
Zam. nr 1340/79. I-11-87   Cena zł 65.—
Drukarnia Wydawnicza, Kraków, ul. Wadowicka 8

ISBN 83-08-00022-3

EPOKA

Ołtarz Mariacki Wita Stwosza powstał u schyłku średniowiecza w określonym środowisku geograficznym, politycznym i społecznym. Głębsze zrozumienie skomplikowanego dzieła sztuki, jakim jest ten ołtarz, wymaga więc poznania zarówno indywidualności jego twórcy, jak epoki i środowiska, w którym działał. Albowiem nawet najwybitniejszy artysta i jego twórczość są uwarunkowane społecznie, tj. uzależnione od kultury ogólnej swego czasu, a także od rodzaju świadomości estetycznej środowiska, w jakim ów artysta kształci się i żyje.

Z drugiej jednak strony twórca jest nie tylko odbiorcą wartości, lecz także ich dawcą. Ulega wpływom swego czasu, ale wzbogaca ten czas wynikami swej pracy. Innymi słowy — rozwój sztuki, i w ogóle każdy rozwój historyczny, opiera się na podstawowym prawie współzależności i jak gdyby wzajemności. Społeczność darzy artystę wyprodukowanymi przez siebie dobrami materialnej i niematerialnej natury, kształtując w ten sposób jego świadomość oraz jego sztukę, i na odwrót, artysta czy uczony, wytwarzając nowe wartości, nowe dobra kulturalne, wywiera wpływ na społeczeństwo i jego ideologię. Powstają w ten sposób skomplikowane sploty przyczyn i skutków, tj. sprzężenia zwrotne, których rozwikłanie nie zawsze jest łatwe.

Siły społeczne, kierujące jednostką, urabiające jej świadomość i wolę, górują jednak przeważnie nad poszczególnym, nawet wybitnym człowiekiem, gdyż skupiają w sobie olbrzymią sumę energii i zbiorowych dążeń. Dążenia te bywają często przeciwne innym, np. w zależności od reprezentujących je klas i grup społecznych oraz ich sprzecznych interesów, ale wypadkowa tych dążeń odznacza się swoistą konsekwencją i reguluje zasadniczy bieg historii, także historii sztuki.

Świadomość społeczna, idee nurtujące ludzkość, jej moralność, nauka i sztuka jako formy owej świadomości pozostają w związku z ustrojem polityczno-społecznym danej epoki historycznej, z jej gospodarką i ideologią. Ponieważ Wit Stwosz działał u schyłku średniowiecza, w okresie rozwiniętych form ustroju feudalnego, a wzrostu znaczenia miast i stanu mieszczańskiego, do którego sam należał, ponieważ przy tym stan ten powstał w wyniku procesów gospodarczych, a swymi poglądami nie tylko różnił się od innych warstw społecznych, lecz także się do nich zbliżał, wydaje się przydatne szersze przedstawienie różnorodnych warunków, w jakich rodziła się sztuka średniowiecza, a wraz z nią sztuka Stwosza.

Ołtarz Mariacki jest dziełem w. XV i łączy się z całą sztuką tego stulecia zarówno pod względem ideowym, jak formalnym. Jest tworem Europy Północnej, lecz nie tylko. Aczkolwiek sztukę uprawianą w w. XV na północ od Alp uważa się za gotycką, a sztukę włoskiego Południa za renesansową, nie da się przecież wytyczyć między nimi absolutnej granicy. Plastyka włoskiego quattrocenta w powiązaniu z humanizmem czerpała z antyku, którego liczne relikty odnajdowano na obszarze Włoch, szczególnie cesarskiego Rzymu, jednakże zabytków starożytnych nie kopiowała, lecz przetwarzała je w nowe formy, bliskie obiektywnej rzeczywistości, zgodne z psychiką i sposobem widzenia ówczesnego człowieka, regulowane ogólną potrzebą („wolą twórczą"). W rezultacie rodziła się sztuka narodowa, którą w drodze porównania z literaturą można by nazwać plastycznym językiem powszechnym. Pod wpływem starożytności i czerpiącego z niej humanizmu ośrodkiem zainteresowań sztuki stał się realny człowiek wraz ze swoim naturalnym otoczeniem. Konwencjonalne, choć pełne uroku, idealizowane postacie w. XIV zastąpili prawdziwi, zindywidualizowani ludzie, często ujęci portretowo — i rzeczywiście portretowani. Człowiek wolny, wierny swojej osobniczej psychice, swym dążeniom do samodzielnego myślenia i praktycznego działania, aktywny i zanurzony w żywiole życia, stał się normalnym zjawiskiem renesansu — i modelem artystów. Opuścił już neutralną i fikcyjną przestrzeń, typową dla malarstwa w. XIV, żeby znaleźć się w przestrzeni konkretnej, znanej z codziennego doświadczenia i albo wśród ścian domu czy kościoła, albo na ludnej ulicy i placu publicznym, a co najbardziej istotne, pozować na tle krajobrazu lub się z nim zjednoczyć.

I oto pod tym względem sztuka Północy — o czym obszerniej będziemy mówili później —

pozbawiona w zasadzie własnych zabytków grecko-rzymskich i stąd także ich naśladownictw, wciąż poprzestająca na stosowaniu architektcnicznych motywów gotyckich, była jednak przymierna do sztuki Południa. I sztuka Północy odkryła autentycznego, żywego człowieka, który bywał wprawdzie typem, lecz prezentował także indywidualną, niepowtarzalną osobowość. Tego rodzaju personalizm, zastosowany już przez Jana van Eycka i jego następców, zwraca uwagę właśnie w rzeźbie Stwosza.

W swoim czasie wyłonił się trochę akademicki, trochę talmudyczny spór wokół pytania, czy ołtarz krakowski należy do dziejów gotyku, czy do wczesnej fazy renesansu polskiego. Odpowiedź nie nasuwa specjalnych trudności. Szafkowa konstrukcja retabulum, jego skrzydła i cała architektura należą do gotyku. Także ideowy, obrazowy program dzieła wywodzi się z tradycji średniowiecznej. Natomiast stosunek do człowieka i otaczającej go przestrzeni — otwartej na świat lub zamkniętej — ujmowanie rozległego nieraz krajobrazu i pierwszoplanowych roślin (znanych także z okolic Krakowa) jak wyjętych z zielnika — to elementy zgodne z nową filozofią przyrody, proponowane w ciągu w. XV zarówno we Włoszech, jak w Niderlandach i innych krajach Europy wraz z Polską. Dzieło Stwosza wyrosło zatem na styku dwóch światów, średniowiecza i nowożytności, co poszerzyło jego horyzont, wzbogaciło treści i jakości formalne. W swej całościowej architektonicznej strukturze ołtarz na pierwszy rzut oka sprawia jednak wrażenie tworu późnogotyckiego, co należy podkreślić tym bardziej, że jak wspomniano, cała północna sztuka przedstawiająca w. XV posiada pośrednie, a często i bezpośrednie relacje z Italią, podobnie jak wcześniej malarstwo w. XIV.

Do tej najogólniejszej i wstępnej — na razie — informacji o wielkim ołtarzu dodać należy, że czasem powstania pentaptyku była co prawda 2. połowa w. XV, ale okres ten jest tylko finałem i w pewnym stopniu spadkobiercą długotrwałej ewolucji, wobec czego celem jego egzegezy warto cofnąć się w głąb czasu, i to nieraz dość znacznie. W samym bowiem krakowskim zabytku rzeźby jawią się wartości wytłumaczalne wprawdzie na tle kultury umysłowej schyłku średniowiecza, jednakże w wielu przypadkach tkwiące swym początkiem w odległej przeszłości. Chodzi więc o odpowiedź na pytanie, w jakim stopniu dzieło Stwosza jest wytworem minionego czasu, a w jakiej mierze zjawiskiem nowym i dla 2. połowy w. XV typowym. Krótka nawet zatem charakterystyka wieków średnich może przybliżyć nam ołtarz Stwosza i różne elementy jego treści i formy.

★   ★   ★

We wczesnym średniowieczu podstawą biologicznej egzystencji człowieka była prawie wyłącznie ziemia, wskutek czego wysuwała się na czoło ówczesnej gospodarki jej uprawa. Wasal królewski, pan rozległych włości, dzielił je z kolei między drobniejszych wasali, zależnych już nie od suwerennego władcy, lecz bezpośrednio od niego. W ten sposób powstawał długi łańcuch wzajemnych zależności, tak zwana obrazowo „drabina feudalna". U jej szczytu tronował władca, król, cesarz, na jej szczeblu najniższym żyła ludność włościańska, pracująca dla pana, obciążona świadczeniami w naturze, pieniądzu i robociźnie. Jedną z głównych instytucji feudalnych był Kościół, który na skutek normalnego zjawiska komendacji (tj. oddawania się w opiekę) oraz pobożnych darowizn stał się jednym z największych posiadaczy ziemi. Już z końcem w. VII Kościół w Galii posiadał jedną trzecią ziemi, a w r. 806 do opactwa Saint-Germain-des-Prés koło Paryża należało 36 000 hektarów, czyli trzysta sześćdziesiąt kilometrów kwadratowych ziemi. Do potężnych właścicieli ziemskich należeli też kościelni dygnitarze polscy. Żeby nie mnożyć przykładów, wystarczy wspomnieć, iż opata klasztoru Benedyktynów w Tyńcu nazywano „panem stu wsi". Kościół średniowieczny był więc prawdziwą potęgą gospodarczą i odgrywał wielką rolę polityczną. Sprawując zaś nie tylko rządy kościelne (duchowne), lecz po części i świeckie, oddziaływał na świadomość społeczną także przy pomocy swego aparatu administracyjnego.

W tworzeniu i organizowaniu teocentrycznej kultury wczesnośredniowiecznej wielką rolę odegrały wprawdzie ośrodki władcze, dwór monarszy czy książęcy, a także stan rycerski jako pełnoprawny, lecz na czoło wysuwał się wcześnie Kościół, który wywiera zasadniczy wpływ szczególnie na kulturę filozoficzną, literacką i artystyczną, m. in. za pośrednictwem klasztorów; przechowywały one zabytki piśmiennictwa grecko-rzymskiego, a szkoły klasztorne i katedralne brały wybitny udział w formowaniu nowych pojęć o świecie.

Układ feudalny oddziaływał na wyobraźnię czasem w sposób dosłowny, czasem metaforyczny. W popularnym temacie *Hołdu Trzech Króli* pojawiają się np., szczególnie w ciągu w. XV, towarzyszące owym królom orszaki rycerskie z chorągwiami suwerenów: na nagrobkach panów feudalnych oprócz zwykłego motywu zakapturzonych płaczków widać nierzadko otaczające tumbę figury dworzan, wasalnych przedstawicieli rycerstwa i dostojników z herbowymi tarczami, symbolizującymi ziemie królestwa lub księstwa. Zdarzało się także, że system hierarchiczny dyktował nawet proporcje przedstawianych osób, to wyolbrzymionych, to pomniejszonych w zależności od ich znaczenia i funkcji. Odpowiednie rozmiary, osiągane przy pomocy tzw. perspektywy hierarchicznej, wyznaczają granicę między osobami boskimi a ludźmi. W rzadszych zaś przypadkach różnice wymiarów bywają odbiciem znaczenia społecznego samych ludzi; przykładu w tym zakresie dostarcza także ołtarz Mariacki, co bardziej dokładnie omówi się w jednym z następnych rozdziałów.

Z czasem, już w okresie późniejszego średniowiecza, wzięły silniejszy niż uprzednio udział w organizowaniu kultury także miasta wraz z żywiołem mieszczańskim. Epoka ich rozkwitu przypada dopiero na w. XIII i XIV, z tym że niektóre osiągają pełnię rozwoju dopiero w w.

XV., a zatem w epoce Stwosza. Wprowadzają one na widownię dziejów nowy stan społeczny: producentów-rzemieślników i pośredników handlowych — kupców, których sposób życia i myślenia różni ich w pewnej mierze od innych grup społecznych.

We Włoszech, a także w Niderlandach dochodzą miasta do niebywałego rozkwitu dzięki handlowi, m. in. morskiemu, i produkcji sukienniczej. Powstają potężne miejskie republiki włoskie w rodzaju Florencji, Wenecji, Genui, Pizy, których budżety roczne przewyższają niekiedy budżet suwerennych państw północnoeuropejskich. Formy ustrojowe tych miast oraz ich urządzenia handlowe noszą już na poły nowożytny charakter, wyprzedzają one w pewnym sensie zarówno ówczesną naukę, jak i sztukę, która wciąż ma jeszcze cechy średniowieczne, zachowawcze. Toteż nic dziwnego, że miasta i mieszczaństwo, zmuszone warunkami życia do realistycznego myślenia, stają się rzecznikami postępu i przyspieszają powolną dotąd ewolucję sztuki, która rozluźnia swe związki z wczesnośredniowiecznym idealizmem filozoficznym, syci się coraz bardziej realnymi treściami czerpanymi z konkretnej rzeczywistości przyrodniczej, społecznej i po prostu ludzkiej, żeby osiągnąć wysoki stopień prawdy w dziełach włoskich artystów quattrocenta, w twórczości malarzy niderlandzkich w. XV, a także w dramatycznej sztuce Wita Stwosza. Dodać jednak warto, że w porównaniu z wymienionymi miastami włoskimi Kraków był stolicą o bardzo niewielkiej ilości mieszkańców.

Walka realizmu z idealizmem staje się zasadniczym rdzeniem kultury średniowiecznej i tkwiących w średniowieczu przeciwieństw światopoglądowych. Z jednej strony bowiem wytworzony przez Kościół system życia duchowego, jak również teokratyczna koncepcja państwa zakładały istnienie idealnego świata niebiańskiego, którego świat ziemski był tylko bladym odbiciem — z drugiej zaś strony ludzie średniowiecza żyli na ziemi, pracowali na chleb, doznawali normalnych, ludzkich wzruszeń, poznawali świat przy pomocy zmysłów i musieli się liczyć z konkretną, fizyczną rzeczywistością, co prowadziło do konfliktów między idealistycznym a realistycznym względnie materialistycznym pojmowaniem życia, czego kontynuacja, nawiasem dodać warto, odbywa się jeszcze na naszych oczach. W sztuce Stwosza antynomia ta wystąpiła bardzo wyraziście.

Scholastyczna filozofia średniowiecza próbowała godzić te sprzeczności w drodze przyjęcia monistycznej tezy o prymacie ducha nad materią, która została stworzona przez Boga i tylko dzięki łasce bożej jest poznawalna. Podług św. Tomasza z Akwinu istnieje w człowieku siła poznawcza (*vis cognoscotiva*), która pozwala przeniknąć duchowe tajemnice świata znacznie głębiej niż przy pomocy zwodniczych zmysłów. Stąd podstawą wszelkiego poznania jest nie natura, lecz nauka boża, wedle której ponad naturą wznosi się wspaniały i jedynie prawdziwy świat nadzmysłowego porządku i prawidłowości. Jego odbiciem jest dopiero świat ziemski, człowiek i cała jego kultura, nauka, sztuka, poezja, o czym w praktyce średniowiecznej pouczają różne *specula* (zwierciadła), liczne historie świata, obrzędy, hymny kościelne, a także istne „epopeje kamienne", złożone z niezliczonych posągów spiętrzonych na fasadach gotyckich katedr, a wyrażające przeszłość, teraźniejszość i przyszłość prawd ważnych dla ówczesnej ludzkości. Dodać trzeba, że w sztuce Stwosza już u schyłku średniowiecza świat nadziemski i ziemski równoważyły się z sobą, a natura zyskiwała realną postać.

Przeciwieństwa tkwiące w średniowiecznym idealizmie spowodowały charakterystyczny spór o „powszechniki", czyli pojęcia ogólne. Zdaniem myślicieli konserwatywnych wszystko, co nosi jakąś nazwę, a więc nie tylko rzeczy, lecz także własności, cechy, pojęcia itp. posiadają swój konkretny byt i substancję (realizm), natomiast zdaniem myślicieli bardziej postępowych, zwanych nominalistami, pojęcia to tylko wyrazy ogólne, które nie mogą posiadać bytu rzeczywistego. Ten nowoczesny sposób myślenia miał z czasem zwyciężyć całkowicie, lecz dla teologicznego myślenia w epoce średniowiecza typowy był pierwszy, naiwny sposób pojmowania pojęć. Gdyż człowiek w warunkach wczesnej cywilizacji dąży zawsze do antropomorfizmu, do personifikacji, do materializacji wszelkich wyobrażeń. W tych nałogach myślowych, w przeświadczeniu o realnym istnieniu pojęć tkwi źródło średniowiecznej symboliki i alegorii, tak typowej dla ówczesnej literatury i sztuki, która nawet u schyłku wieków średnich w epoce Wita Stwosza nie potrafiła się wyzwolić całkowicie z reguł pierwotnego myślenia, uprawianego przy pomocy umownych postaci i kształtów. Na etapie takiego sposobu myślenia dowolnie łączy się różnorodne i obce sobie zjawiska oraz przedmioty w związki pojęciowe, gdyż do tego rodzaju powiązań wystarczają podobieństwa pozorne. Wystarczają, ponieważ świat wydaje się zagadką złożoną z rzeczy odbitych w innych rzeczach. Dla ludzi średniowiecza żadna rzecz nie była na tyle błaha, żeby nie można było tłumaczyć za jej pośrednictwem spraw najwyższych. Jądro orzecha wyobrażało np. naturę boską, jego skorupa naturę ludzką, a jego cienka, zdrewniała powłoka wewnętrzna była odpowiednikiem krzyża. Grzechy główne przedstawiano jako postacie zwierzęce, piekło jako paszczę potwora, kwiat zaś róży był jednym z symboli Marii. Wierzono w symboliczną moc liczb, przy czym szczególne znaczenie przypisywano siódemce, gdyż odpowiadała ona liczbie cnót i grzechów głównych, psalmów pokutnych, radości i boleści Marii (jak u Stwosza), a w fazie schyłkowych przejawów myśli średniowiecznej interpretowano liczbę siedmiu elektorów — trzech duchownych i czterech świeckich — w ten sposób, że pierwsi mieli wyobrażać trzy cnoty teologiczne, drudzy zaś cztery cnoty kardynalne. Równe z siódemką, a może większe od niej znaczenie miała trójka w związku z teorią poznawania Boga *per vestigium Trinitatis*, tj. przy pomocy śladów Trójcy Świętej, istniejących w każdym niemal bycie. Magia troistości (trójkąta) miała za sobą nawet prehistoryczną tradycję, odgrywała znaczną rolę w pitagorejskich wtajemniczeniach i w platonizmie. Idee te podjęło chrześcijaństwo. Stąd wiara w wymienione *vestigia* zapewnia popularność w sztuce przedstawiającej motywu trójpostaciowej Świętej Rozmowy, w architekturze trzech apsyd, trzech portali, przy czym symboliczne znaczenie owej trójki mogło także przyczynić się do utrwalenia formy tryptykowej (troistego) ołtarza, który dominował w wyposażeniu wnętrza gotyckiego kościoła i był znany — rzecz oczywista — Stwoszowi. Symbolizm, wciąż żywy u schyłku średniowiecza, nie stał się jednak główną domeną wyobraźni artystycznej krakowskiego mistrza, zafascynowanego przede wszystkim ziemią i ludźmi.

W jego twórczości trwały natomiast inne pierwiastki dawnej sztuki, łączonej ze średniowiecznym realizmem filozoficznym, a więc z substancjalną konkretnością pojęć, co tym bardziej tłumaczyło realną, jak gdyby fizyczną egzystencję osób boskich i świętych, związanych przez sztukę z ziemią. Chociaż byli mieszkańcami nieba, opierali swe stopy na skrawkach rozkwieconej łąki albo istnieli w obrębie rozległej, lecz również ziemskiej przestrzeni. Nawet niebo (Niebieskie Jeruzalem) było materialne jak pałacowe wnętrze, a np. obrzęd Koronacji Matki Boskiej odbywał się na drewnianych tronach. Także Wniebowzięcie czy inne cudowne zjawiska noszą znamiona doczesnej rzeczowości. Dopiero renesans i barok lokowały świętych w nadziemskich obłokach, a w *Dyspucie* Rafaela podział na strefę ziemską i niebiańską zaznaczył się z całą oczywistością. Niebo, odgrodzone od świata naiwnie ujętą barierą puszystych, jakby niematerialnych obłoków, Stwoszowi, jego poprzednikom i rówieśnym było wciąż jeszcze obce. W jego ołtarzu przedmiotowe otoczenie osób boskich było równie konkretne jak substancjalność pojęć.

Człowiek średniowieczny także w życiu praktycznym bywał skrępowany nałogami teologicznego myślenia, dążył do nadania formy bytowej każdemu poznaniu i do wiązania myśli w hierarchiczne szeregi. Ponieważ wszystko jest bytem, trzeba nadawać imiona także martwym przedmiotom, jak mieczom, dzwonom, w w. XV nawet armatom. Uczłowiecza się też w ten sposób diamenty i inne drogie kamienie.

W wyobraźni i postępowaniu ludzi średniowiecza, tak jak w igraszkach dziecka, trudno nieraz odróżnić powagę myśli od zabawy, a radość od smutku. Nawet diabeł, przed którym odczuwano zabobonny lęk, bywał niekiedy ośmieszany i przedstawiany jako figura komiczna, co trwało długo, zwłaszcza w literaturze ludowej. W ołtarzu Mariackim Stwosza wśród figurek obramowania szafy uroczyste postacie proroków zmieniają się niekiedy w figurki groteskowe, a nawet nieco komiczne, co powtarza się także w niektórych partiach skrzydeł. Wyobraźnia naiwna wymaga silnych środków wyrazu, co uwidocznia się w średniowiecznych przedstawieniach nieba, zwłaszcza zaś piekła z jego potwornymi, często nie pozbawionymi śmieszności istotami (również przedstawianymi przez krakowskiego mistrza).

Porównywano trafnie człowieka średnic-

wiecznego do chorego, który przebrał miarę w zażywaniu leków, na skutek czego potrzebuje coraz mocniejszych dawek. Nawet cnoty przybierają wówczas postać karykaturalną, bo przykładem czystości stają się m. in. dziewice, które umknęły napastnikom dzięki temu, że wyrosły im brody lub że z łaski nieba na całym ciele pokryły się włosami. Takie święte spotyka się często na obrazach średniowiecznych zarówno za granicą, jak w Polsce.

W związku z idealistycznym czy spirytualistycznym pojmowaniem świata — zjawiska poznawane zmysłami uważano za najniższe w hierarchicznej strukturze bytu, co musiało pociągnąć za sobą swoiste skutki w dziedzinie sztuk przedstawiających. Sztuka nie mogła więc dążyć konsekwentnie i bez oporów do swych celów drogą obserwacji natury, lecz odwrotnie, zmierzała do przedstawiania bytów idealnych przy użyciu form naturalnych, tolerowanych dlatego, że inaczej byłaby niezrozumiała. Ustalała więc normy i schematy przedstawieniowe, które ceniono wyżej od owej natury. Dlatego postacie boskie, figury świętych itp., wyobrażane we wczesnej fazie średniowiecza, były nie tyle żywymi ludźmi, ile na poły abstrakcyjnymi i symbolicznymi znakami, ustalonymi drogą skrótów, redukcji i schematyzacji kształtów naturalnych, powielanych na swój sposób także przez tzw. sztukę międzynarodową XIV w., posługującą się wydłużonymi postaciami i miękkim, falistym konturem, przezwyciężonym przez realizm w. XV, a zatem i przez Stwosza.

Wyższość świata idealnego nad światem

fizycznym uznawała też wspomniana sztuka, której kamiennym i scholastycznym wcieleniem były gotyckie katedry. Wyniesione swymi ogromnymi masami ponad małe i ciasne nieraz miasteczka, symbolizowały łączność między miernością przyziemnego świata a państwem bożym, między materią a duchem. Podobnie jak obrazy, nie mogły, rzecz oczywista, zerwać z materią i prawami ciążenia, w związku z czym owe strzeliste olbrzymy, skonstruowane z matematyczną dokładnością, celowe i logiczne w swej strukturze aż do najwyższej fiali, wypowiadając walkę materii i prawom fizycznym, musiały je wszelako potwierdzać.

W sztuce w. XIII ciało ludzkie gra rolę drugorzędną, figury w swej intencji bywają podobne do tworów architektury, zyskując naprzód kształt blokowy, kubiczny i twardy, ponieważ wyrażają nie działanie, lecz duchowe trwanie. Są jak gdyby pozaczasowe, gdyż przedstawiają (oczywista nie bez wyjątków) bezosobowe byty wyższe. Istoty ludzkie stają się nie tyle indywiduami, ile formułami, z którymi piętnastowieczny realizm, a wraz z nim Wit Stwosz, zerwał niemal całkowicie.

We wczesnym średniowieczu wysuwają się na czoło zadania dydaktyczne, ilustracyjne, ograniczone do treści teologicznych, hagiograficznych (poświęconych świętym) i liturgicznych, wobec czego usuwa się ze świata sztuki wszystko co zbędne. Rodzi się w ten sposób rodzaj pisma obrazowego, które poprzestaje na skrótach, zastępując naprzód twarz ludzką kilkoma kreskami, drzewo kilkoma liśćmi, gmachy kilkoma niewielkimi, podobnymi do klocków lub pudełek bryłami. W obrębie tej sztuki traci wszelki sens styl iluzjonistyczny, bo zadania sztuki „nie są z tego świata".

Wczesna rzeźba porzuca samodzielność, właściwą jej w starożytności grecko-rzymskiej, a staje się integralną częścią katedry, wyrażając wraz z jej architektonicznymi rytmami pionowy ruch budowli i jej strzeliste spiętrzenia. Trwało to długo (bo przecież i rzeźby ołtarza Mariackiego zostały podporządkowane architekturze retabulum). Rzeźba, chociaż praktycznie, nawet w epoce gotyckiej, korzysta z dorobku antycznego, przeciwstawia się materialnej, cielesnej, zwróconej ku człowiekowi sztuce greckiej: czyni tak zgodnie z poglądem chrześcijańskim o wyższości ducha nad materią, o panowaniu idealnych treści nad formą. Nie chodzi jej o przedstawienie żywych organizmów, gdyż marzy o nadziemskiej prawidłowości, o tajemnym pięknie dostępnym tylko duchowemu oku, w czym nietrudno domyślić się wpływu filozofii neoplatońskiej, która miała tak wielkie znaczenie dla myśli średniowiecznej, poczynając od św. Augustyna. Aurelius Augustinus przyjmował w swych historiograficznych rozważaniach równoległe istnienie już na ziemi „państwa bożego" i „państwa ziemskiego". Pierwsze miało się składać z żyjących „według Boga", drugie z żyjących „według człowieka". Uznając za główny cel ludzi poznanie własnej duszy i Boga, uważał badanie świata fizycznego za grzech „próżnej ciekawości", co nie mogło sprzyjać sztuce. W średniowieczu łączyła się z tym pogarda dla kultu natury jako pogańskiego, w następstwie zaś niechęć do doświadczeń, do obserwacji i umiejętności przedstawiania natury, między innymi realnych kształtów ludzkich, tak świetnie opanowanych przez antyk. Albowiem augustynizm, od w. XIII równolegle z tomizmem, trwał długo, a jego pierwiastki żyły jeszcze w początkach w. XV (i później), np. w *Teodycei* Mateusza z Krakowa, którego sława wyniosła na stanowisko arcybiskupa Wormacji i uczyniła kardynałem. Stwosz, nie bez wpływu humanizmu, odszedł daleko od takiego sposobu myślenia i rządził się wyostrzonym poczuciem rzeczywistości. Nie mógł się — rzecz jasna — wyzbyć owej ganionej przez augustynizm „próżnej ciekawości" świata, który przedstawiał w sposób tak wszechstronny i pociągający, ale w swej praktyce artystycznej odróżniał, podobnie jak inni artyści XV w., państwo boże od ziemskiego, a istoty przeznaczone do zbawienia (ryc. 56) od siewców zła (ryc. 16), co poświadczają sceny ołtarza Mariackiego. Fragment zaś samego nieba w scenie *Koronacji Matki Boskiej*, flankowanej przez świętych i aniołów, umieścił na najwyższej kondygnacji retabulum (ryc. 7).

Wobec niechęci średniowiecza do świata natury i grzesznego człowieka — tworzono naprzód postacie idealne, ponadindywidualne istnienia, mówiąc zaś po prostu, ustalano schematy postaciowe, które jako „wzorcowe" szerzą się z niezwykłą szybkością po całej Europie. Zrazu stanowią one odpowiedniki świętych tajemnic i obrzędów oraz promieniują uroczystym nastrojem, żeby wydobyć człowieka z atmosfery dnia codziennego i wynieść go ponad egzystencję fizyczną i obiektywną. Do przedstawiania prawdziwych, żywych ludzi, którzy pojawią się dopiero w w. XV (np. w rzeźbie Stwosza), wciąż jest jeszcze daleko.

Rzeźba międzynarodowej, idealistycznej fazy stylu gotyckiego kształtuje się podług ustalonych zasad kompozycji, ruchu i przestrzeni. Tworzy poziome rzędy, wznoszące się hierarchicznie ku górze na podobieństwo „drabiny feudalnej", łączone w pionowe akordy, które w wyobraźni ludzkiej miały wywoływać wrażenie nieskończoności.

Ruch owych figur bywa niezależny od prawdy fizycznej i często z nią sprzeczny, gdyż wyobraża nadnaturalne prawa, wobec których prawa fizyczne, jak anatomiczny mechanizm ruchów, tracą swoje znaczenia. Gotycki kontrapost nie uwydatnia ciężaru ciała, lecz podkreśla falistość sylwety. Akcentuje się więc kierunki pionowe i lotność postaci, wydłuża się je i nadaje się im falujące, niemal taneczne ruchy, towarzyszące jakby idealnej melodii. Osoby te nie tyle stąpają, ile unoszą się ku górze, pokonując swój własny ciężar: odznaczają się często uduchowionym wdziękiem (który zachowa jeszcze Madonna w scenie *Zaśnięcia*), nierzadko zaś hieratyczną powagą i wyprostowaną postawą, właściwą np. figurom Chrystusa, apostołów i proroków. Ich przestrzenią jest płytka odległość dzieląca je od neutralnego i anaturalnego tła muru, co wpłynie na przestrzenne wartości gotyckich ołtarzy, nawet w fazie gotyku schyłkowego. Uderza prosceniczny układ figur, wysuniętych w stronę widza, a w obrazach czy w tłach rzeźbionych ołtarzy widać ornamentalne płaszczyzny, kotary i inne elementy, podobne do kulis teatralnych, także wówczas, kiedy w późnej fazie rozwoju tłem staje się wcale wiernie przedstawiana roślinność, jak w ołtarzu Mariackim. Figury cechuje przeważnie frontalność, przy czym stoją one w rzędach równoległych (wciąż mowa o wczesnych fazach średniowiecza) zwrócone do widza zgodnie z zasadą chrześcijańskiego antyku. Proporcje osób rzeźbionych lub malowanych nie liczą się z pejzażem czy wnętrzem, górując często nad nim swymi wymiarami. Postacie patrzą wprost przed siebie lub nasłuchują szeptów płynących z oddali, a na ich ustach igra często tajemniczy uśmiech. Fałdy ich odzienia falują obficie i drgają po brzegach, układane w sposób konwencjonalny i dostojny. Wyniosłość wczesnych figur zastępuje w późniejszej fazie gotyku poetycki liryzm, a draperie zamieniają się w prawdziwe kaskady i festony, harmonizując swym bogactwem z idealną pięknością świętych niewiast, przegiętych lekko ku tyłowi, z gracją, stosowaną zwłaszcza w XIV w.

Kolor obrazów czy polichromowanych rzeźb drewnianych, a nawet kamiennych, bywa przeważnie nasycony, jasny jakby w nawiązaniu do światłem przesyconych witraży. W fazie wcześniejszej przeważają barwy zasadnicze, a do kolorów ulubionych należą błękit i czerwień, używane długo, bo np. znamienne właśnie dla Stwoszowskiego ołtarza Mariackiego.

Wbrew pozorom i wbrew swoim schematom sztuka średniowieczna bynajmniej nie była jednak zjawiskiem statycznym. Tworzące się w łonie średniowiecznych społeczeństw przeciwieństwa gospodarcze, polityczne i socjalne szły w parze z przeciwieństwami w dziedzinie kultury. Średniowiecze czerpie np. z antyku, a równocześnie zwalcza jego ideał zmysłowego piękna. Rezygnuje z systematycznej obserwacji i prawidłowego, związanego z empirią, myślenia na rzecz sylogizmów scholastycznych, lecz równocześnie tworzy zalążki nauk przyrodniczych. Sprzeczności socjalne nurtujące nowe i młode społeczeństwa, ich popędy zdobywcze, ich biologiczna żywotność, hamowana teologią i prądami ascetycznymi, prowadzą do napięć w psychice zbiorowej, a zatem i w psychice twórców, która formuje style i ich najrozmaitsze odmiany lokalne, istniejące konkretnie pomimo teokratycznego uniwersalizmu i marzeń o państwie bożym.

Sztuki piękne, włączone całkowicie w system średniowiecznego życia i myślenia, nie posiadały w gruncie rzeczy własnej i osobnej teorii estetycznej. Podobnie jak starożytność, także średniowiecze nie znało pojęcia piękna w dzisiejszym, formalnym znaczeniu słowa. Pokutuje w „estetyce" wieków średnich ustalone już przez Arystotelesa pojęcie *mimesis*, które nie oznacza mechanicznego naśladowania natury, lecz jej przedstawianie, oczywista w celach zastępczych, żeby przy pomocy jej form zbliżyć człowieka do Boga. Naturę uznaje się dlatego tylko, że jest jego tworem, wskutek czego sztukę, tj. odbicie odbić, nazywa Dante „wnuką Boga". Św. Tomasz z Akwinu snuje swoje refleksje przy pomocy metod czerpanych z filozofii Arystotelesa. Próbuje godzić wodę z ogniem, wiarę i objawienie z rozumem, a teologię z filozofią w dążeniu do syntezy prawd objawionych i poznania rozumnego. Sposób pojmowania świata, skodyfikowany zatem już w w. XIII, żyje bardzo długo, bo np. w całej sztuce późnego średniowiecza, a nawet dłużej. Jednym z nielicznych przykładów takiej symbiozy jest ołtarz Stwosza, w którym treści religijne, prawdy objawione jednoczą się z obrazami życia, ujętymi w wyniku empirycznej obserwacji w kategoriach połowicznego realizmu.

Suma teologiczna Akwinaty zyskuje stałą aktualność także w dziedzinie estetyki. Podług niej bowiem „do piękna trzy są potrzebne własności. Naprzód całkowitość, albowiem rzeczy rozkawałkowane są brzydkie". Konieczna też jest współzgodność (harmonia), a w końcu jasność (*claritas*): stąd przedmioty o barwach jasnych uważa się za piękne. Pojęcia takie, jak *integritas* (całkowitość), wspomniane *consonantia* (współzgodność) i *claritas* (jasność) należy rozumieć transcendentalnie, tj. w odniesieniu do idei Boga. Jedną z kategorii estetycznych św. Tomasza z Akwinu jest pojęcie wielkości. Podług jego mniemania ludzie mali, choćby proporcjonalni, nie mogą być piękni. Późnym, lecz ostentacyjnym przykładem takiej wielkości staną się ogromne, ponad dwumetrowe figury środkowej szafy Stwoszowskiego ołtarza kra-

kowskiego. Bez porównania bardziej realistyczne są naiwne zresztą i nieporadne sądy o pięknie kartuza Dionizego, bliskiego czasowo epoce
Stwosza. Odróżnia on „piękno" od „ładności",
uważając pierwsze wyłącznie za atrybut Boga,
drugą dopiero za właściwość ziemi, ale o uro-
dzie świata pisze w słowach wprawdzie niezmiernie prostych, lecz konkretnych, twierdząc
tautologicznie, iż rośliny są ładne, ponieważ
mają barwę zieloną, kamienie, gdyż błyszczą,
ciało ludzkie oraz wielbłąd, bo są celowe, ziemia, ponieważ jest długa i szeroka. W górach
podziwia wielkość, w rzekach ich dalekie biegi,
w lasach rozległość, w ziemi zaś niezmierzoną
masę. Rzecz charakterystyczna, iż podobny
świat motywów i pojęć spotkamy m. in. w krajobrazach ołtarza Mariackiego, złożonych z zielonych roślin, kamienistych dróg oraz rozległych zalesionych pagórków. Również „dalekie
biegi" i kręte zakola rzeczne pojawiają się
często w malarstwie w. XV.

* * *

W opisanym systemie wartości obiego-
wych w ustroju feudalnym rola artysty nie
była w zasadzie doceniana. Starożytność, a w
ślad za nią średniowiecze wyrobiło sobie po-
gardliwy stosunek do pracy, co było przeżytkiem stadium niewolnictwa. W okresie cywilizacji antycznej pracował fizycznie głównie
niewolnik, wobec czego pogarda, jaką go darzono, przeniosła się także na pracę. Kiedy
więc zaczęto klasyfikować zawodowe czynności,
podzielono je na sztuki wolne i mechaniczne,

przy czym do mechanicznych zaliczono każdą pracę wykonywaną rękoma, a zatem także pracę rzeźbiarza i malarza. Stąd w średniowieczu artyści bywali uważani za rzemieślników, a malarzom zlecano nie tylko wykonywanie obrazów, lecz również malowanie wozów, rycerskich kopij, proporców, tarczy, sprzętów itp. Pogarda dla pracy ręcznej zapuściła szczególnie mocne korzenie w polskim społeczeństwie szlacheckim i w związku z tym malarstwo dopiero pod koniec w. XVIII zostało zaliczone przez wszechnicę krakowską do wspomnianych sztuk wolnych.

Rzeźbiarze, malarze, kamieniarze, murarze byli włączeni w ramy organizacji cechowej, jak wszyscy ówcześni rzemieślnicy. Ich polem działania były niewielkie na ogół warsztaty, skupiające mistrza, czeladników i uczniów. System korporacyjny miał na celu ochronę wytwórców przed wzajemną konkurencją, a drogą ograniczeń przeciwdziałał w imię równości powstawaniu większych zakładów pracy i przy końcu wieków średnich, a zwłaszcza w czasach późniejszych, jako wsteczny i anachroniczny, tamował postęp techniczny i rozwój sił produkcyjnych. Jako instytucja zawodowa zmuszał cech do wspólnoty (w nabożeństwach i obrzędach w kaplicy cechowej, w ucztach urządzanych we własnej gospodzie itp.), bronił interesu mistrzów, traktując znacznie gorzej czeladników, a nawet stosował metody monopolistyczne i nie zawsze dopuszczał do swej organizacji przybyszów obcych celem utrzymania równowagi między podażą a popytem. Rezerwując przywileje mistrzostwa dla skupionych w cechu rodzin i ich potomstwa, prowadził często egoistyczną politykę „klasową". Cechy, zrazu społecznie pożyteczne, z czasem stawały się przeżytkiem, m. in. już w okresie powstawania średniowiecznych form wczesnej akumulacji pieniądza i innych dóbr materialnych.

*   *   *

Miasta średniowieczne zaczynają się organizować w autonomiczne jednostki terytorialne od w. XII. Zrzucając jarzmo pana feudalnego, mieszkańcy miast osiągają, nie tylko faktycznie, lecz i prawnie, osobistą wolność. Powstaje gmina miejska z własną administracją. Podobnie dzieje się w Polsce, gdzie miasta formują się powoli w drodze ewolucji już przed kolonizacją niemiecką w w. XIII i XIV. Nadawanie miastom tzw. prawa niemieckiego w następstwie kolonizacji stanowiło zazwyczaj drugi etap w ich rozwoju. Dawne, niekiedy rozrzucone osiedla przekształcały się w miasta o zwartej zabudowie, z własnym systemem obronnym, samorządem i władzami miejskimi. Oprócz wójta i sądu ławniczego powstaje przy końcu w. XIII rada miejska. Krakowskie księgi miejskie notują liczne umowy i transakcje artystów, m. in. Wita Stwosza.

Miasta włoskie, niderlandzkie, a z czasem i polskie, zajmując się produkcją przemysłową i handlem, wytworzyły warunki sprzyjające powstaniu wczesnych form kapitalizmu. Skupienia kapitałów nastąpiły już w w. XIII we Włoszech, z czym łączyła się bankowość i regulowanie rachunków także przy pomocy weksli. Nawet umowy kartelowe były znane już w w. XIV i XV. Przedsiębiorcy inicjowali przemysł chałupniczy, oddając np. wełnę do przeróbki licznym rzemieślnikom osiadłym w mieście i na wsi. Stawali się w ten sposób pośrednikami między rzemieślnikiem a nabywcą. Zarysowały się silne przeciwieństwa interesów między przedsiębiorcą a zależną odeń armią rzemieślników specjalistów, bo już wówczas nastąpił w wielu dziedzinach przemysłu podział pracy. Sukiennicy np., zarówno włoscy, jak flamandzcy, dzielili się na tkaczy, foluszników, postrzygaczy sukna i farbiarzy. Pogłębiał się przedział między bogatym kupiectwem, czyli patrycjatem miejskim, a pospólstwem, które wzniecało bunty i zamieszki.

Z klasy patrycjuszowskiej rekrutowali się ówcześni protektorzy sztuki. Jej odbiorcami bywali reprezentanci wielkiego kapitału handlowo-przemysłowego, dostojnicy dworscy, książęta i władcy, na których usługach stali np. malarze flamandzcy w. XV. Malarze ci byli nawet używani do misji dyplomatycznych, jak Jan van Eyck przez Filipa Dobrego. Posiadali też często nie tylko czysto zawodowe wykształcenie, w czym przypominali swych kolegów włoskich. Wymieniony van Eyck czytał klasyków, studiował geometrię i posługiwał się alfabetem greckim. I on, i jego następcy, wspaniali przedstawiciele tężyzny i zdobywczej myśli najbardziej wtedy aktywnego stanu mieszczańskiego, wywierali wpływ na ówczesną kulturę nawet sfer dworskich, m. in. artystyczną.

Także w Polsce trafiali się artyści dworscy lub przynajmniej popierani przez władców, jak Kunadus syn Alpodryka, rzeźbiarz Kazimierza Wielkiego, nagrodzony przez niego wójtostwem, jak złotnik Jagiełły Jan z Olkusza i hafciarze tegoż króla Jan i Klemens oraz *pictor regius* Mikołaj, a także Stanisław Durink, malarz Kazimierza Jagiellończyka, lub Jan Gorajski, wspomagany w początkach w. XVI pożyczkami przez członków rodziny królewskiej. Również Stwosza zatrudniała dynastia jagiellońska, obdarzając go m. in. płaszczem dworskim.

W stosunku do wczesnego średniowiecza centra dyspozycyjne kultury uległy więc znacznemu przesunięciu. Ogólnie biorąc, wczesnośredniowieczna sztuka była inspirowana przez Kościół i panów feudalnych. W ciągu w. XIV, zwłaszcza zaś w. XV, role się odwróciły — i realizm, będący, z grubsza biorąc, owocem kultury mieszczańskiej, zabarwiał znowu, jak gdyby w drodze rewanżu, tzw. kulturę dworską i całą sztukę sakralną końcowej fazy średniowiecza. W dziedzinie twórczości artystycznej coraz bardziej zacierały się różnice stanowe, co w pewnej mierze było też skutkiem prężności społeczności miejskich, ich żywotności i szczególnej wrażliwości na „smak życia".

Jednostka sama przez się nie miała większego znaczenia, a obszerniejsze pole działania zdobywała dopiero w obrębie swego stanu i swych korporacji, dzięki czemu potęgowała się jej świadomość społeczna. Natomiast poczucie spójni narodowej w obrębie państwa było dość słabe. Ten stan rzeczy popierały uniwersalistyczne tendencje zarówno cesarstwa, jak papiestwa. Tym też m. in. tłumaczy się internacjonalny charakter średniowiecznej sztuki i łatwość, z jaką artyści przenosili się z miejsca na miejsce w poszukiwaniu lepszych warunków bytu. Tym też tłumaczą się wędrówki Stwosza.

Przerostom ustroju stanowego przeciwstawia się państwo, które pragnie podporządkować jednostkę swym szerszym interesom oraz stworzyć warunki bardziej zgodne z rozwojem skomplikowanej całości. Wzorem takich dążeń staje się już w w. XIII sycylijskie państwo Fryderyka II, który zaprowadza administrację urzędniczą, nowy system podatkowy, a przy pomocy statystyki ewidencję ludności i jej stanu majątkowego. W w. XIV przeprowadzają reformy w dziedzinie administracji państwowej, skarbowej i wojskowej, a także na polu kultury Karol Robert i Ludwik Węgierski na Węgrzech, Karol IV w Czechach, Waldemar IV w Danii, a Kazimierz Wielki w Polsce, w celu stworzenia bardziej nowoczesnego państwa. Także zaczątki polityki merkantylnej, dążącej do ogólnego kierowania handlem w interesie państwa, przypadają na w. XIV. W 2. połowie w. XV, w czasie pobytu Stwosza w Krakowie, Kazimierz Jagiellończyk walczy o prawo mianowania biskupów, przeciwstawiając się centralizmowi kurii rzymskiej, co rykoszetem odbije się na ówczesnej sztuce kościelnej, podkreślającej znaczenie kurii biskupiej poprzez odnowienie kultu św. Stanisława ze Szczepanowa i mnożenie poświęconych mu ołtarzy.

Wracając do sprawy reform Fryderyka II,

warto przy okazji podkreślić, że zracjonalizowany i jak gdyby już nowożytny system gospodarczy i model administracji wyprzedzały świat sztuki, słabo związanej z obiektywną rzeczywistością i posługującej się poza wyjątkami (do których należała rzeźba portretowa) przeważnie ograniczonym alfabetem znaków symbolicznych.

W zmieniających się warunkach gospodarczo-społecznych następowały jednak zmiany w świadomości powszechnej, bardzo jednak powolne i zrazu niewyraźne wobec górującej wciąż roli Kościoła i żywotności teologicznych norm myślenia. Niemniej kiełkuje nauka o podwójnej prawdzie, tj. o prawdzie boskiej i fizycznej. W w. XIII pielęgnują tę naukę szkoła w Chartres, Duns Scotus, w szczególności zaś Roger Bacon (zm. około 1294), podług którego podstawą poznawania winna być argumentacja i doświadczenie, nawet eksperyment. Bacon przeczuwa soczewkę, wynalazek prochu strzelniczego i mechaniczne wozy. Z tym przyrodniczym kierunkiem nauki byli związani m. in. Ślązak i na poły Polak Witelo oraz Albert Wielki. Z czasem nawet pośród duchowieństwa budzą się wątpliwości w przedmiocie jednostronnego mistycyzmu i symboliki. Jan Gerson, wpływowy członek soboru w Konstancji, nie zawsze cenił stany mistyczne i ekstazy, powątpiewał nawet w popularne widzenia św. Brygidy i Katarzyny Sieneńskiej: życie kontemplacyjne prowadziło podług niego do melancholii i schorzeń duchowych. System nie był zresztą wolny od sprzeczności. Symbolizm wciąż żywy, także u schyłku średniowiecza (rzadko zresztą i nieznacznie stosowany przez Stwosza), znajduje przeciwników, co osiągnie jaskrawy wyraz w pismach Lutra, podług którego posługiwanie się alegorią jest właściwe ludziom nie mającym nic lepszego do roboty. Uważa przy tym tę zabawę za łatwą i niecelową.

Sprzeczności tkwiące od początku w sztuce średniowiecznej, a wyrażające się w dualizmie pojęć świata nadzmysłowego i zmysłowego, musiały doprowadzić z czasem do zjawisk schyłkowych oraz do zwycięstwa podskórnego zrazu, a w końcu zwycięskiego nurtu, jakim był poznawczo-realistyczny stosunek do świata. Idealizm sztuki średniowiecznej niemal równolegle z rozwojem racjonalistycznej myśli Rogera Bacona otrzymuje potężny zastrzyk obserwacji, widocznej niekiedy w posągach francuskich katedr, a zwłaszcza w intencjonalnie portretowych rzeźbach fundatorów, tak nieraz „prawdziwych", jak znane trzynastowieczne posągi katedry naumburskiej. Równocześnie tkwiące w sztuce hamulce idealizmu doprowadzają rzeźbę w. XIV do dość pustej niekiedy dekoracyjności, o ileż mniej wymownej (choć pięknej) od tworów posągowego stylu poprzedniego. Mnożą się schematyczne i zawsze podobne do siebie figury jednakowo rozchwianych i wdzięcznie przegiętych Madonn oraz świętych niewiast, przy czym konwencjonalne kanony utwierdzają się i szerzą powszechnie dzięki warsztatowej, niejako seryjnej produkcji.

Ale i w te — zdawałoby się — utrwalone kanony raz po raz uderzają potężne fale realizmu, poczynając już od w. XIII. W 2. połowie w. XIV tendencje portretowe propaguje świetna pracownia rzeźbiarska praskich Parlerów, której wpływy docierają na Śląsk i w ogóle do Polski. Walka między idealizmem a realizmem w sztuce przybiera coraz ostrzejsze i coraz bardziej zdecydowane formy. Rozwiną się one w pełni w ciągu w. XV, tj. w okresie włoskiego quattrocenta, a równolegle ze sztuką włoską w obrębie tzw. sztuki mieszczańskiej Niderlandów, Niemiec, a z niewielkim opóźnieniem i Polski. Wybitnym przedstawicielem takiej twórczości stanie się w Krakowie Wit Stwosz.

Opisane fakty z dziedziny historii, teorii sztuki i praktyki artystycznej torują bowiem drogę tendencjom poznawczym gotyku fazy ostatniej. Byłoby jednak uproszczeniem stwierdzenie całkowitego zaniku średniowiecznego sposobu myślenia nawet w owym późnym stadium rozwojowym. Gotyk jako styl średniowieczny zespolony ze światem pojęć religijnych nie może nigdy zrezygnować w sposób całkowity z dziedzictwa przeszłości. Z nowym porządkiem myślenia musi się przenikać wątek tradycyjny, choćby wobec wciąż żywotnego Arystotelesowskiego pojęcia *mimesis*, tj. funkcji przedstawiania, która jednak nie próbuje obalić powszechnego w średniowieczu poglądu, podług którego nad prawdą realną wznosi się sfera objawienia i nadprzyrodzonego bytu, kierującego się innymi prawami niż świat poznawany zmysłami.

Już w w. XII rodził się z wolna nowy świat wyobraźni, w którym było miejsce na tematy nie tylko religijne, lecz także epickie i liryczne oraz świeckie. Sztuka zyskiwała literacki i ilustracyjny charakter, który trwał jeszcze w epoce Stwosza i w dziele samego mistrza. Z biegiem lat wchodzą w obieg tematy rodzajowe, zarówno biblijne, jak historyczne, oparte coraz częściej na treściach czerpanych z doświadczeń dnia powszedniego. Stąd nawet bohaterzy biblijni upodobniają się swymi rysami twarzy i strojem do ludzi współczesnych artyście — przykładów tego jakże obficie dostarcza sztuka Stwosza.

Zarysowuje się też — jak wspomniano na początku — znaczna różnica między twórczością artystyczną Włoch a Europy Północnej, gdyż we Włoszech mimo dążenia do realnej prawdy utrwalają się silnie oparte o sukcesję antyku ideały piękna i harmonii, kiedy na północ od Alp rzeczowa obserwacja natury i jej drobiazgowe studium górują nad sferą harmonii i idealnego porządku. Niemniej zgodnie z dążeniami czasu także we Włoszech w. XV pojawia się nierzadko ekspresyjny i bezlitosny w obnażaniu prawdy realizm, choćby w rzeźbie Donatella. Sztuka przebywa tę samą drogę co nauka, która w osobach Wilhelma Ockhama i Jana Buridana próbowała sprowadzić wszelką wiedzę do zmysłowych faktów. Obydwaj myśliciele twierdzili słusznie, że wiedza musi być oparta na doświadczeniu, a ponieważ w świecie rzeczywistości nie ma pojęć ogólnych, przeto poznanie nie może wychodzić z założenia takich pojęć (np. idei Boga), lecz tylko ze „szczegółowych". Tak samo sztuka zajmie się z czasem obserwacją szczegółów i jednostkowych zjawisk fizycznych. Rozpoczyna się więc ruch artystyczny, który łączy tak na pozór odległe zjawiska, jak włoskie malarstwo Giotta początków w. XIV, flamandzkie Jana van Eycka i Roberta Campina początków w. XV, krakowska rzeźba Stwosza 2. połowy w. XV oraz w pełni realistyczne rodzajowe obrazy chłopskie Piotra Breughela z połowy w. XVI. Przedstawia się nie tylko ludzi pięknych, lecz także napiętnowanych brzydotą, których nierzadko ukazuje m. in. cechowa sztuka krakowska oraz właśnie ołtarz Mariacki. Artysta strząsa z siebie więzy nadnaturalnej prawidłowości i pełnymi haustami, jak spragniony wędrowiec, czerpie z nieprzerwanie płynącej krynicy życia. W latach dwudziestych w. XV dojrzewa we Flandrii wspaniały talent tylekroć wymienianego Jana van Eycka, który chłonnymi oczyma ogarnia świat ludzi i natury oraz głęboką przestrzeń wnętrz architektonicznych, dostrzega związki między tymi elementami świata i łączy je w organiczne zespoły. Zgłębia prawdę człowieka, osobom świętym nadaje rysy prawdziwie ludzkie i inicjuje malarstwo portretowe. Wprowadza w grono dostojnych istot boskich żywych, współczesnych sobie ludzi o charakterystycznych, indywidualnych fizjonomiach porytych zmarszczkami, które znaczą przeżyty przez nich czas ziemski i tworzą pamiątkę doświadczeń życiowych. Odczuwa z równą siłą delikatną urodę niewiast i pacholąt, jak pełną wyrazu brzydotę dostojników książęcych, dygnitarzy kościelnych i bogatych mieszczan, fundatorów malowanych przezeń ołtarzy i zamawiających u niego portrety. W dążeniu do doskonałości umieszcza na jednym ze swoich dzieł wymowny napis *Als ick can* — „jak mogłem". Rzeczywiście, malował świat ziemski z całym umiłowaniem i wiernością, na jaką było go stać. Ujawniał też samowiedzę artystyczną i poczucie własnej wartości.

Malarstwo Niderlandów wskazuje nowe drogi sztukom pięknym: jego znaczenie dla dalszych dziejów sztuki jest przełomowe. Od początku w. XV może być mowa o wprost „portretowym" przedstawianiu nie tylko człowieka, lecz całej natury. Powstaje „nowożytny" portret i krajobraz, rodzi się nowy stosunek do motywów przyrodniczych i architektonicznych dzięki poznaniu praw perspektywy geometrycznej i powietrznej. Nowe zdobycze osiągają w malarstwie stanowczą przewagę i w znaczeniu ilościowym, i jakościowym. Tendencje opisowe w sztukach plastycznych sprawiają, że mnożą się wielopostaciowe obrazy, a kiedy następuje redukcja figur, widoczna niekiedy także u Stwosza, to zostaje zrównoważona czynnikiem ekspresji. Znamienną cechą sztuki staje się przedmiotowa wierność. Ulega spotęgowaniu udział przedstawionych postaci we wspólnocie społecznej, podkreślonej przez ich gesty i psychiczne zbliżenia wzajemne. Objawia się w sztuce radość odczuwania i przeżywania natury. Światło, dawniej czysto neutralne, staje się odbiciem światła prawdziwego, rozjaśnia i otwiera dalekie horyzonty, załamuje się na pierwszoplanowych postaciach, mieni się w jasnych partiach malowidła i kontrastuje z silnymi cieniami, jak w otaczającym nas świecie. Wielkie znaczenie osiąga więc światłocień. Schematy tzw. międzynarodowego stylu miękkiego, wyrażane opisanym już nienaturalnym konturem postaci swoiście wygiętych i unoszących się chwiejnym, wahadłowym ruchem, odzianych w festonowe i kaskadowe draperie, zanikają na rzecz nowego stylu, którego cechą najłatwiej dostrzegalną jest mocna, realistyczna charakterystyka twarzy i nowy kanon draperii, łamanych gwałtownie w sztywne lub skłębione, np. u Stwosza, silnie różnicowane i bogate fałdy. Radykalizm, właściwy nowej, mieszczańskiej warstwie, rozbija idealistyczne normy obrazowe w zgodzie z nowym poczuciem rzeczywistości i realnym stosunkiem do życia. Powszechność tego procesu sprawia, że i ten styl, podobnie jak poprzedni, osiąga charakter międzynarodowy.

Sztuka mieszczańska rozwija się konsekwentnie w ciągu w. XV i pogłębia swe realistyczne treści dzięki twórczości Clausa Slutera, Jana van Eycka, Roberta Campina, Rogera van der Weyden, Hansa Memlinga, Dirka Boutsa, Hugona van der Goes i wielu innych. Z błyskawiczną szybkością opanowuje całą Europę Zachodnią i Środkową wraz z Polską. Za pośrednictwem Łukasza z Lejdy oddziałuje także na rzeźbę Stwosza. Nie zyskuje jednak jednostronnego charakteru, gdyż pojęcie piękna estetycznego wciąż się przedstawia niejasno, już choćby z tego powodu, że w praktyce ówczesnego życia granice między pięknem a wspaniałością czy bogactwem ulegają zatarciu. Naiwny stosunek do sztuki i pobożny podziw dla dóbr ziemskich, godzący się zresztą doskonale z kultem rzeczy boskich, sprawiały, że piękne wydawało się np. to, co ozdobne, solidne, starannie wykonane, a przede wszystkim kosztowne. Tym tłumaczy się w późnośredniowiecznym snycerstwie wybór możliwie trwałego drewna i solidna technika produkcyjna, a także stosowanie wytwarzanego przez specjalistów „złotarzy" prawdziwego, płatkowego złota, które tak wielką rolę grało również w krakowskim ołtarzu Wita Stwosza. Zarówno malarstwo, jak rzeźba, pozbawione autonomicznego znaczenia, nie mające nic wspólnego z nowoczesnym pojęciem czystej sztuki, spełniały z reguły funkcję służebną. Wznoszone wówczas kamienne nagrobki były poświęcone pamięci zmarłych, ołtarze służyły nie tylko do celów liturgicznych, lecz przekazywały także potomnym pamięć o swych fundatorach, przedstawianych nierzadko w retabulum poliptyków obok istot boskich. Bywały zarazem widomym symbolem ekonomicznej i społecznej potęgi mieszczaństwa, które pragnęło godnej siebie i swoich majątków reprezentacji także w obrębie parafialnego kościoła, uczęszczanego przez wszystkich. Takim reprezentacyjnym ołtarzem krakowskiego mieszczaństwa, potwierdzającym świadomość społeczną swoich licznych fundatorów, miał się stać z czasem największy wymiarami spośród ołtarzy gotyckich Europy, wzniesiony ogromnym, jak na swoje czasy, kosztem, pentaptyk kościoła pod wezwaniem Wniebowzięcia N. Marii Panny w Krakowie, wykonany przez Stwosza. Z powodu zbyt wielkiej ilości fundatorów nie dało się jednak pomieścić ich wizerunków w ołtarzu. Podobizny takie wykonywano zresztą głównie na obrazach malowanych, a ołtarz Mariacki ich nie zawiera.

ŚRODOWISKO

Po przybyciu nad Wisłę znalazł się Stwosz w środowisku o bogatej przeszłości historycznej i kulturowej. Uniwersalna kultura średniowiecza, rozwijana przez młode narody na zrębie dawnego imperium rzymskiego, ogarnęła cały świat chrześcijański, z którym zjednoczyła się Polska po przyjęciu chrztu w obrządku rzymskokatolickim. Kraków wraz z całą Polską wzorował się na urządzeniach zachodnioeuropejskich, określanych ogólnym pojęciem systemu feudalnego, z tym przecież, że feudalizm Polski nie był ścisłym odbiciem wasalnej „drabiny hierarchicznej", typowej dla Europy Zachodniej. Miasta przyjmowały obce prawo miejskie, tzw. niemieckie (magdeburskie, średzkie itd., oparte jednak na prawie zachodnioeuropejskim), w okresie kolonizacji, to jest mniej więcej od połowy w. XIII do końca w. XIV. Lokacja Krakowa na prawie niemieckim nastąpiła w r. 1257, z czego nie wynika jednak, że dopiero w tym czasie rozpoczęły się dzieje kultury, a w jej ramach także sztuki, pielęgnowanej w stolicy polskiego państwa. Kiedy w r. 1477, a może nieco wcześniej, pojawił się w Krakowie Wit Stwosz, miasto miało już za sobą około 500 lat historii politycznej, społecznej i kulturalnej. Wprawdzie, ogólnie biorąc, warstwy panujące, które zrazu wywierały największy wpływ na sztukę, przyswoiły sobie zachodnie formy myślenia, z czym łączyło się przyjmowanie wzorów artystycznych kształtowanych głównie we Włoszech, Francji, Niderlandach, Czechach i Niemczech, ale z drugiej strony powstawały w Polsce pewne miejscowe mutacje i odmiany sztuki, uzasadnione innym podłożem etnicznym, innymi stosunkami gospodarczo-społecznymi oraz innym niż na Zachodzie przebiegiem procesu kulturowego. Kultura Polski piastowskiej rozwijała się w wyniku łączenia się wpływów zachodnioeuropejskich z elementami kultury bizantyńsko-ruskiej, które docierały do nas wskutek bezpośredniego sąsiedztwa ze Wschodem, związków dynastycznych oraz w wyniku częstych wypraw wojennych na Ruś, z której przywożono bogate łupy także w postaci dzieł sztuki, tkanin, wyrobów złotniczych itp. Nasze wczesne stosunki z Bizancjum potwierdziła np. reszta złotolitej tkaniny z ptakami, odnaleziona w latach dwudziestych w gnieźnieńskim grobie rzekomo Dąbrówki (z czasem zaginiona). Swoistą wymowę posiadał również fakt, że syn Chrobrego, Mieszko II, znał oprócz łacińskiego język grecki. Za panowania Kazimierza Wielkiego, a zwłaszcza Jagiellonów, zdobili komnaty zamkowe i kaplice katedry krakowskiej malarze ruscy, których dzieła z w. XV zachowały się jeszcze w Wiślicy, Sandomierzu i Lublinie. Napływowe formy kulturalno-artystyczne nawarstwiały się na tradycyjnym podłożu kultury plemiennej, której wytwory żyły u nas niezwykle długo, bo aż do czasów ostatnich, jako poważny współczynnik polskiej kultury ludowej. Ów ludowy stosunek do treści i form artystycznych uwidoczniał się nierzadko nawet w naszej twórczości wyższych hierarchicznie grup społecznych w postaci różnych uproszczeń, typowych dla peryferyjnych obszarów kulturowych.

Życie umysłowe i artystyczne, uwarunkowane normami ustroju feudalnego i kategoriami religijnego poglądu na świat, rozwijało się u nas od w. X. W w. XI istniały już uchwytne historycznie głównie klasztorne i katedralne ośrodki kultury.

U schyłku w. XI musiała działać w Krakowie szkoła katedralna, skoro Władysław Herman oddał swego starszego syna Zbigniewa na naukę do Krakowa. Najstarszy inwentarz katedry krakowskiej z początku w. XII zawiera m. in. wcale obszerny spis ksiąg liturgicznych, komentarzy do Pisma Świętego i dzieł Ojców Kościoła, a także ksiąg prawniczych oraz utworów literatury pięknej, reprezentowanej przez autorów rzymskich i wczesnochrześcijańskich. Biskup krakowski Mateusz (zm. 1166) korespondował ze św. Bernardem z Clairvaux, zapraszając go do Polski, a w roku jego śmierci pojawia się w świetle źródeł pierwszy scholastyk kapituły, tj. zwierzchnik utrzymywanej przez kapitułę szkoły, gromadzącej znaczną ilość uczniów. W świetle tych faktów stają się zrozumiałe zapisane w dwunastowiecznej „księdze Rogera" (sycylijskiego) słowa, może zresztą przesadne, geografa arabskiego al-Idrisiego o „mędrcach w języku Rum, czyli łacińskim, przebywających w różnych miastach Polski wraz z Krakowem".

Życie umysłowe miasta rozwija się pomyślnie także w w. XIII i XIV, jak tego dowodzi twórczość pisarska Wincentego Kadłubka o zagranicznym wykształceniu prawniczym, autora obszernej *Kroniki polskiej*, stanowiącej wykwit specyficznej kultury historycznej, rodzącej się w środowisku krakowskim. Również następca Kadłubka na krakowskiej stolicy biskupiej, Iwo Odrowąż, studiował na uniwersytetach paryskim i bolońskim, a jego kapelan, później kanonik krakowski Wincenty z Kielc, posiadał zainteresowania historyczne i opisał dzieje żywota Stanisława ze Szczepanowa, oparte zresztą na ówczesnych schematach legendarno-biograficznych. Iwo był założycielem szkoły parafialnej przy kościele Panny Marii oraz klasztoru Dominikanów, sprowadzonych z Bolonii, przy którym istniała szkoła teologiczna pod kierunkiem osobnego lektora. Na tego rodzaju podstawach mogła dopiero zrodzić się myśl założenia uniwersytetu, urzeczywistniona przez Kazimierza Wielkiego, który powołując tę wszechnicę do życia, nazwał ją „perłą nauk najznamienitszych", ona zaś podług trafnej przenośni „jak każda prawdziwa perła, kształtowała się długo i cierpliwie wewnątrz skorupy niepozornego małża, do jakiego można by porównać średniowieczny Kraków".

Równolegle z życiem umysłowym krzewiły się w Krakowie sztuki piękne, poczynając co najmniej od lat około r. 1000, z których pochodzi wawelska rotunda pod wezwaniem Panny Marii. W w. XI i XII powstają dwie kolejne katedry krakowskie w stylu przedromańskim i romańskim, pierwsza z inicjatywy Bolesława

Chrobrego, druga wzniesiona w okresie panowania Władysława Hermana i Bolesława Krzywoustego, dwuwieżowy kościół Św. Andrzeja niedaleko zamku i północno-południowego szlaku komunikacyjnego, wiodącego ku przewozowi na Wiśle, oraz wiele innych. Oprócz architektury romańskiej rozwija się także rzeźba monumentalna i malarstwo miniaturowe, z czasem również sztalugowe, znajdujące zastosowanie w ołtarzach. W w. XIII wznoszono ceglane świątynie, przynależne do stylu gotyckiego, ale jeszcze dość archaiczne i pod względem mas przestrzennych spokrewnione z pomnikami późnoromańskiej architektury, z którą dzieliły zresztą niejeden szczegół.

Złotym wiekiem krakowskiego budownictwa, a także sztuk przedstawiających, stało się jednak dopiero stulecie XIV w wyniku zachodzących w tym czasie doniosłych zmian społeczno-gospodarczych, ustrojowych i kulturowych, którym patronował Kazimierz Wielki. Monarcha ten reorganizował swe państwo równocześnie z innymi władcami, panującymi na ziemiach sąsiednich. W ciągu w. XIV wznosi się nową, a trzecią już z rzędu katedrę gotycką, później wielkie kościoły założonego przez króla miasta Kazimierza oraz parafialny kościół Panny Marii, największą świątynię Krakowa, dumę ówczesnego mieszczaństwa, którego spadkobiercy zlecą w sto lat później Stwoszowi uświetnienie jej wielkim ołtarzem. Wykształciła się polska odmiana gotyku ceglano-kamiennego o osobliwym systemie konstrukcyjnym i swoistej bryle architektonicznej, najbliżej spowinowacona z gotykiem śląskim. Rozkwitła rzeźba kamienna, organicznie związana z murami świątyń i innych budowli publicznych, stylowo zharmonizowana ze sztuką Europy Zachodniej, a w pewnej mierze powiązana z pracowniami Śląska i Pragi. Rzeźba ta skupiła się głównie w kościele Mariackim, który jako parafialny był stale przedmiotem szczególnej opieki mieszkańców grodu. Oprócz figuralnej i roślinnej rzeźby, zdobiącej ościeża i klucze obramowań okiennych, zworniki sklepień, a w szczególności portale (dominikański), rozwija się, może za przykładem Śląska, rzeźba nagrobkowa, poświęcona pamięci królów, osób duchownych i mieszczan. Wspaniałe grobowce katedralne, w szczególności Kazimierza Wielkiego i Władysława Jagiełły, ten drugi dopiero z 1. połowy w. XV, dorównują swym poziomem artystycznym nagrobkom Niemiec, a nawet Francji. Nagrobek Jagiełły, z postacią króla o twarzy określonej intencjonalnie portretowym realizmem, dostarcza klasycznego przykładu walki idealizmu z realizmem, którą wygrywa zdobywczy umysł człowieka, coraz wnikliwiej i rzetelniej poznającego zwykły świat ziemski, tak różnorodny i bogaty w kształty, skłaniający do ujęć pełnych ekspresji i prawdy.

Szczególnie żywo rozwijało się od początku w. XIV witrażownictwo, które osiągnęło bodaj szczytowy u nas poziom artystyczny w kościele Mariackim. Nasycone gęstym, bursztynowoczerwonym światłem szyby witrażowe, rozświetlające prezbiterium, to obok ołtarza Stwoszowskiego jedna z głównych tajemnic ekspresji, jaką tchnie mroczne, błękitnym pyłem wypełnione, głębokie wnętrze parafialnej świątyni. Triumfy musiało też święcić malarstwo, zwłaszcza ścienne, jak dowodzą tego fundowane przez Kazimierza Wielkiego, zgodne ze stylem włoskiego trecenta freski w zakrystii kościoła w niedalekich Niepołomicach. Wielka szkoda, że uległy zniszczeniu wykonane za panowania Jagiełły malowane gwiazdy sklepień kościoła Mariackiego pędzla królewskiego malarza Mikołaja.

Na przełomie stuleci XIV i XV dociera do nas tzw. piękny styl gotycki, który kształtuje mnóstwo posągów Madonny i innych świętych istot, przedstawiających wytwornie przegięte, rozkołysane w ruchu figury, odziane w obficie drapowane tkaniny o płynnych i falistych fałdach. Madonny te odznaczają się, w zasadzie przynajmniej, niezwykłą, lecz ziemską urodą. Właściwy im rodzaj piękna nie jest więc pozbawiony nalotu delikatnie dozowanej prawdy i uczuciowości, ogarniającej także życie religijne od czasów św. Franciszka z Asyżu. Na poły idealistyczny charakter miało też malarstwo krakowskie 1. połowy w. XV, obejmujące swym zasięgiem południowo-zachodnią Małopolskę wraz z Sądecczyzną, Spiszem i południową częścią Górnego Śląska. W obrębie tego malarstwa powstały pewne określone kanony kompozycyjne i przestrzenne, oparte na zdobyczach włoskiego trecenta i pogranicza francusko-flamandzkiego, przefiltrowanych w środowisku praskim w czasie panowania Karola IV i Wacława IV. Poczynając od lat trzydziestych i czterdziestych w. XV zaczęła się kształtować krakowska szkoła malarska, której echa sięgnęły niemal lat twórczości Stwosza. Malarstwo to kulminowało w scenach maryjnych i chrystologicznych, np. w *Opłakiwaniu z Chomranic* i ołtarzu Dominikańskim. Posiadało własne cechy stylistyczne, które umożliwiają łatwe rozpoznanie jego licznych zabytków. Co ważniejsze, krakowska szkoła malarska dopracowała się odrębnego, i to wcale wyraźnego oblicza, w związku z czym może być mowa o polskiej szkole malarskiej.

Rozwijając się konsekwentnie w ciągu całego stulecia, wytworzyła z czasem cenne wartości estetyczne, którym sztuka Stwosza, rzeźbiarza i malarza zarazem, zawdzięczała zapewne niejedno.

Na stulecia XIV i XV przypadł okres wielkiego dobrobytu Krakowa i jego stanu mieszczańskiego, który w znacznym stopniu wywodził się z kolonistów niemieckich o silnej domieszce żywiołu śląskiego. Mieszczaństwo to, wszczynające zrazu bunty polityczne w imię niemieckiej racji stanu, zaczęło się z czasem polonizować, czemu sprzyjał fakt, że w mieszanym cechu malarzy znaleźli się także liczni Polacy o imionach lub przezwiskach polskich, mnożących się szczególnie w 2. połowie w. XV. Proces polonizacji dobiegał niemal kresu w w. XVI, gdyż w świetle źródeł np. na liczbę mniej więcej stu pięćdziesięciu malarzy krakowskich owego czasu przypadało przeszło stu Polaków.

Kraków 2. połowy w. XV w okresie panowania Kazimierza Jagiellończyka był stolicą państwa, które miało za sobą wielkie sukcesy polityczne i znacznie rozszerzyło swe granice. Polska pokonała wreszcie zakon krzyżacki, czego następstwem było zawarcie pokoju toruńskiego w r. 1466. Państwo rozszerzyło też zasięg wpływów polityczno-dynastycznych. Dynastia jagiellońska w osobie króla Władysława zaczęła rządzić w Czechach od r. 1471, a od r. 1490 także na Węgrzech. Średniowieczny mieszczański Kraków przeżywał pewnego rodzaju apogeum, co nie mogło trwać długo. W 2. połowie w. XV interesy miasta w niczym jednak nie doznały uszczerbku: co więcej, miało ono wygrać zaciętą wojnę handlową, którą prowadziło z Wrocławiem. Ustawy sejmowe wymierzone przeciw miastom, a popierające interesy jedynej u nas pełnoprawnej warstwy społecznej, tj. szlachty, zaczną zapadać dopiero w ciągu w. XVI. Sytuacja społeczna Krakowa była w w. XV wciąż jeszcze zbliżona do sytuacji miast zachodnioeuropejskich, skupiających wielkie kapitały w wyniku rozgałęzionego handlu, operacji finansowych i produkcji przemysłowej. Kraków, który w 2. połowie w. XV mógł mieć do 20 000 mieszkańców, nie dorównywał wprawdzie ani miastom-republikom włoskim (Florencja posiadała około 100 000 mieszkańców), ani portowym miastom Flandrii, wzbogaconym na handlu morskim i przemyśle sukienniczym, ale aktywny dzięki swemu kupiectwu i faktoriom handlowym, np. Turzonów, potem Bonerów, przedstawiał znaczną siłę gospodarczą.

Podstawą zamożności miasta był jego handel, zwłaszcza tranzytowy, pośredniczący w wymianie towarowej między krajami Europy Wschodniej, Południowej i Zachodniej. Prowadzony przez kupców obcych, czyli przybywających do Krakowa „gości", przynosił wielkie zyski także kupcom miejscowym dzięki przymusowi drożnemu i prawu składu. Do przedmiotów wywozu należały: sól, ołów, siarka, wosk, futra, drewno, z czasem zboże i woły. Najbliższe stosunki handlowe łączyły Kraków ze Śląskiem i północnymi Węgrami, dokąd wywożono ołów, a skąd sprowadzano miedź i żelazo. W w. XV ożywił się handel z Norymbergą. Z Flandrii przywożono sukno, a zasilano ją towarem azjatyckim: w 2. połowie w. XV towar ten kierowano przez Śląsk w głąb Niemiec, np. na targi norymberskie. Wzmiankowane tu pokrótce stosunki handlowe ułatwiały również krążenie dzieł sztuki i wędrówki artystów, czego przykładem było sprowadzenie Stwosza do Krakowa właśnie z Norymbergi. Stosunki handlowe ułatwiały w ogóle wymianę wartości w dziedzinie sztuki, która w okresie późnogotyckim rozkwitła zwłaszcza w Niderlandach, oddziałując na kraje Europy Środkowej.

W ramach formacji gospodarczo-społecznej XV stulecia życie umysłowe Krakowa przybierało charakterystyczne formy. Wyrażało się ono, tak jak na Zachodzie, w dwóch głównych prądach, tj. starej spekulacji filozoficzno-teologicznej i nurcie humanizmu. Prądy humanistyczne zaczęły docierać nad Wisłę dopiero w 2. połowie w. XV, ale już wcześniej powstały w Akademii Krakowskiej dwie specjalne katedry nauk matematycznych i przyrodniczych, z których jedną ufundował Marcin Król z Przemyśla (zm. 1459), magister aż pięciu uniwersytetów europejskich. Rozkwit nauk ścisłych w Krakowie końca w. XV podkreślił m. in. Hartman Schaedel w swej *Kronice świata*: dość, że kiedy Kopernik wstąpił w r. 1491 na uniwersytet krakowski, zastał tu nauki ścisłe na wysokim stosunkowo poziomie. Wprawdzie uczelnia krakowska została przekształcona z wszechnicy typu włoskiego, tj. prawnego, w szkołę typu paryskiego, wskutek czego pielęgnowała nauki teologiczne, ale i ona potępiała nadużycia papieskiego Rzymu, wywyższając prawa soboru nad władzę papieża. Krzewiła przy tym wiedzę matematyczno-przyrodniczą i próbowała przeprowadzić humanistyczne reformy przy udziale Konrada Celtisa (1489—91).

Humanizm docierał do Krakowa od 2. połowy w. XV, a jego rzecznikiem był m. in. emigrant włoski Filip Buonacorsi, zwany Kallimachem (ryc. 58, 59), który w r. 1472 został nauczycielem młodego Jana Olbrachta. Humanistą był też Grzegorz z Sanoka (zm. 1477), a matematyki i astronomii nauczał w uniwersytecie Wojciech z Brudzewa, zapewne nauczyciel Kopernika. Jakub Parkoszów z Żurawicy (zm. 1455) pisał pierwszy traktat o ortografii polskiej, a od r. 1474 zaczęły powstawać w Krakowie drukarnie. Ale, jak zaznaczył Brückner: ,,uniwersytet przesiąkł średniowieczyzną i nie poddał się nowym, obcym wzorom oraz wpływom''. Ten ujemny sąd w świetle przytoczonych faktów wydaje się jednak jednostronny. Niemniej jest faktem, że filozofia scholastyczna, ów klasyczny produkt średniowiecza, trwała w Krakowie niemal do końca w. XVIII. Rzuca to charakterystyczne światło także na ołtarz Mariacki, na którym odbiła się walka między „starym" a „nowym", między średniowiecznym idealizmem a zasilanym przez humanizm realizmem.

Życie umysłowe Krakowa 2. połowy w. XV, jego całą atmosferę kulturalną, a nawet jego obyczaje towarzyskie cechował wspomniany już tak znamienny dla tych czasów dualizm. Kallimach i jego otoczenie propagowali nowe ideały polityczne, naukowe i literackie oraz bardziej swobodny styl życia, podczas gdy artyści skupieni w tradycyjnych korporacjach cechowych, uważani za rzemieślników i tworzący tak jak całe rzemiosło w sposób przeważnie anonimowy, tkwili w życiu bardziej prowincjonalnym, prowadzili pracowity żywot, zabiegali skwapliwie około swych spraw majątkowych, a równocześnie skupiali się na wspólnych nabożeństwach w kościele Mariackim i brali udział w ucztach urządzanych w gospodach i lokalach cechowych. Włączeni całkowicie w rytm egzystencji miejskiej, tworzyli zgodnie z wymogami odbiorcy szczególnie mieszczańskiego, wskutek czego ich dzieło odpowiadało w zupełności społecznemu zamówieniu. Liczyło się także z potrzebami innych klas społecznych, tworzono je na zamówienie Kościoła, dworu królewskiego i stanu szlacheckiego. Ówcześni artyści stanowili organiczną część mieszczaństwa i jego warstwy rzemieślniczej. Jak wszyscy rzemieślnicy, strzegli zazdrośnie swoich praw mistrzowskich, niezbyt chętnie dopuszczali do cechu przybyszów i przywiązywali wiele wagi do solidności profesji. Żenili się na ogół w obrębie swej grupy zawodowej, do czego zresztą skłaniały ich statuty cechowe: wraz z innymi czynnikami umacniało to ich świadomość stanową i podsycało nastrój wyłączności. Toteż między nimi a swobodnym obyczajem humanistów zachodziły związki raczej luźne.

Niemniej dopiero wówczas, w 2. połowie w. XV, kiedy Stwosz zamieszkał w Krakowie, doszło do pewnej równowagi między życiem realnym a sztuką, która zaczęła dotrzymywać kroku ewolucji społecznej i kulturowej. Stała się odpowiednikiem autentycznego i bujnego życia swego czasu, zwierciadłem stanu mieszczańskiego i jego patrycjatu. Dzieliła jego poczucie rzeczywistości, jego realizm życiowy, wykształcony w walce o byt, i wzrastające dochody. Znaczenie tej warstwy społecznej sprawdzało się w sztuce (określanej zresztą w nauce pojęciem „sztuki mieszczańskiej”), która przedstawiała jej życie, właściwe jej typy postaciowe, nieraz indywidualizowane, wnętrza ich domów, obyczaje i stroje, aktualizując w ten sposób i obrazy, i rzeźby o treściach wciąż jednak religijnych. Silny współczynnik realizmu, wzmocniony lepiej rozwiniętym warsztatem i pewną znajomością perspektywy, co umożliwiało operowanie głębszą przestrzenią świata, posiadał swe źródło w humanizmie i rozwoju wiedzy.

Stwosz nawiązywał stosunki z humanistami krakowskimi, lecz więcej nici łączyło go — rzecz naturalna — z rzemiosłem krakowskim. Jak wynika z analizy ołtarza Mariackiego i aktów miejskich, ciążył przede wszystkim do świata rzemieślników cechowych. Łączyły go z nim oprócz formalnych tzw. w socjologii związki nieformalne, tj. także prywatne, np. towarzyskie i przyjacielskie, co było rzeczą normalną. Wynikało to zresztą z jego „rzemieślniczego" zawodu, który oddzielał go od świata uczonych. Należeli do niego m. in. Kallimach Buonacorsi i przyjaciel, a przynajmniej dobry znajomy rzeźbiarza, ruchliwy członek komitetu budowy ołtarza Mariackiego, Jan Heydeke, przybyły z Dąbia pod Szczecinem, naprzód student, a od r. 1463 bakałarz *in artibus* Akademii Krakowskiej, zrazu podpisek, potem pisarz Rady Miejskiej, wreszcie dzięki protekcji Kallimacha i Jana Olbrachta archiprezbiter kościoła Panny Marii (zm. 1512). Ów Heydeke (Heydek), zwany z łacińska Miricus, Mirica (od łacińskiej nazwy ugoru, niemieckiego *Heyde*), był przyjacielem Celtisa, biskupów Macieja Drzewickiego i Piotra z Bnina, a przede wszystkim Kallimacha. Renesansowe brzmienie, jak gdyby skojarzone z błękitnym niebem Italii, mają słowa tego Włocha, kiedy pisze, jak „przesiadywał w ogrodzie Jana Miriki z uczonymi i wymownymi mężami, Mikołajem Mergusem z Nysy i Jakubem z Boksic, czytając wraz z nimi historię Wenecji Sabellica". Mikołaj z Nysy Tauchen, zwany z łacińska Mergus, był bakałarzem nauk matematyczno-astronomicznych, profesorem prawa kanonicznego i kaznodzieją kościoła P. Marii. Posiadał księgozbiór i należał do humanistów krakowskich. Podobnie przedstawiała się sylwetka chwalonego przez Kallimacha wspomnianego Boksicy herbu Tarnawa, dziekana Wydziału Artium, bakałarza medycyny, doktora Uniwersytetu Bolońskiego, obdarzonego tytułami naukowymi wszystkich czterech fakultetów Wszechnicy Krakowskiej. Kallimach cenił też filologa Jana Ursinusa, syna krakowskiego kupca i bankiera Pawła Beera: uzyskał on tytuł doktora medycyny w Padwie, a wykładał w Krakowie humaniora i prawo rzymskie. Również sam Kallimach urządzał wieczory towarzysko-dyskusyjne przy winie węgierskim — i wraz z Heydekiem i Ursinusem został członkiem założonej przez Konrada Celtisa w r. 1489, a więc w roku wykończenia ołtarza Mariackiego, tzw. Literackiej Sodalicji Nadwiślańskiej (Sodalitas Litterarum Vistulana), która była pierwszym w Polsce stowarzyszeniem pisarzy. Stosownie do zwyczajów humanistycznych Celtis dedykował Mirice swój poemat *De Coena Myricae* (Uczta u Miriki) — a ów obyczaj ucztowania i beztroskiej zabawy potwierdzają też strofy poetyckie Kallimacha, poświęcone córce karczmarza Annie Świętochnie, nie gardzącej ni pieniędzmi, ni winem. Ten sposób bycia musiał kontrastować z bardziej surową atmosferą obyczajowo-kulturalną środowiska rzemieślników cechowych, do których należał Stwosz, wielokrotny starszy cechu.

Nie można natomiast wykluczyć, że nieliczne, luźne zapewne związki artysty z kołami humanistów, zadzierzgnięte najpewniej za pośrednictwem Heydeka-Miriki, mogły skłaniać go do ustępstw na rzecz renesansu (widocznego np. w samej strukturze ołtarza Mariackiego), przede wszystkim zaś w stosunku twórcy do motywu człowieka. To drugie zjawisko nie było jednak w Krakowie czymś nowym, gdyż poczynając od środkowych lat w. XV sztuka miejscowa korzystała ze zdobyczy renesansowych Włoch, a przede wszystkim Niderlandów.

Ołtarz ten współgrał za to wyraźniej ze średniowieczną literaturą miejscową, która wypowiadała się w kazaniach na tematy pasyjne, stosując drastyczne nieraz i rubaszne przenośnie, czerpane ze świata przyrody. Nawet w ówczesnych pierwocinach literatury politycznej można by odnaleźć pewne szczegóły porównywalne z ołtarzem Mariackim, bo np. Jan Ostroróg w swym znanym memoriale z r. 1475 nie tylko zwalczał opłaty na rzecz kurii rzymskiej i rozprawiał się z nieuctwem kleru, a także z niemieckim mieszczaństwem i jego nadużyciami, lecz domagał się również zachowania różnicy w ubiorach, których dobrym przykładem jest skromna opończa postaci może Heydeka w scenie z *Chrystusem wśród uczonych* na lewym skrzydle ołtarza Mariackiego. Tematyczna strona ołtarza każe przypomnieć, że Andrzej z Jaszowic przekładał w r. 1455 Biblię z języka czeskiego na polski, a około r. 1480 pojawiły się przemyskie *Rozmyślania*, uwzględniające żywoty Marii i Jezusa, oparte na ewangeliach, apokryfach, a pełne szczegółowych opisów, wyzyskane z czasem przez ks. Baltazara Opecia w jego drukowanym *Żywocie Chrystusowym*, co również zbiega się z treścią ołtarza Mariackiego. Hołd złożony przez ołtarz Matce Boskiej godzi się z narastającym ku końcowi w. XV kultem maryjnym, który zapładniał lirykę polską. W trakcie oglądania scen pasyjnych krakowskiego dzieła przychodzą na myśl słowa ówczesnych pieśni w rodzaju: „Synku, bych cię nisko miała | Nicoś bych cię wspomagała | Twoja główka krzywo zwisa | tęć bych ja podparła | Krew po tobie płynie | tęć bych ja utarła..." Łagodny wdzięk wielokrotnie przedstawionej w ołtarzu postaci Panny Marii przywodzi znów na pamięć poezję maryjną w rodzaju: „Ani lilija białością | Czyrwona róża krasnością | Ani nardus swą wonnością | Zamorski kwiat swą drogością | Maryjej nie dorówna..." Plastyczny styl tego wiersza, a przede wszystkim prosta, lecz pełna uczucia, rzeczowa przy tym obserwacja, cechująca pieśń pierwszą, składają się na akord zgodny z niektórymi kwaterami Stwoszowskiego ołtarza.

★   ★   ★

Wraz z nauką, zwłaszcza empiryczną, z literaturą piękną i innymi formami świadomości społecznej dojrzewała sztuka krakowska 2. połowy wieku. Jej istota była wynikiem pośrednich na ogół oddziaływań realizmu sztuki Niderlandów i tradycji miejscowej, dzięki czemu sztuka ta łączyła, jak wiemy, idealizm z realizmem. W malarstwie ówczesnym wciąż żyły wątki przeciwstawne innym, łatwo uchwytne drogą porównania obrazów polskich np. ze sztuką z jednej strony niderlandzką i niemiecką, z drugiej strony z malarstwem bizantyjsko-ruskim, w którym mimetycznie rozumiana przestrzeń i powietrzność właściwie nie istniały. Malarstwo nasze było przejawem współczesnej mu sztuki zachodnioeuropejskiej, jednakże stosunki Polski z Rusią i popierana przez Jagiellonów działalność malarzy ruskich w Polsce mogły podtrzymywać długi u nas żywot płaszczyznowych, pierwszoplanowych i dekoracyjnodywanowych przedstawień malarskich, jak również dążenie do wielobarwnej ozdobności i bogatych złoceń, które tak znaczną rolę grają także w ołtarzu Mariackim. Przedstawienia te były przy tym uzasadnione trwaniem średniowiecza, które rzeczywistego bytu szukało w świecie nadzmysłowym, a tłumaczyło go przy pomocy znaków przeważnie naturalnych, będących skrótami rzeczy prawdziwych i różnorodnych. Wciąż bowiem trzeba pamiętać o tym, że ówczesnej sztuce polskiej nie było też obce bardziej nowoczesne widzenie świata ziemskiego, natury i człowieka.

Zniszczenie większości zabytków rzeźby i malarstwa krakowskiego nie pozwala niestety na ich dokładniejsze poznanie. Z setek krakowskich ołtarzy średniowiecznych w samym mieście zachowało się niespełna dziewięć, i to w części zabytków ułamkowych. W każdym razie „międzynarodowy" styl miękki, wykształcony w wieku XIV, trwał u nas długo, bo niemal do połowy w. XV. Z drugiej strony niektóre obrazy tzw. szkoły krakowsko-sądeckiej ujawniają naloty nowego stylu łamanego i bardziej realistycznego już około r. 1440. Styl ten określa także okazały tryptyk z kościoła Dominikanów, wykonany po r. 1460. Częścią rzeźbiony, częścią malowany ołtarz Św. Trójcy w katedrze na Wawelu jest już dojrzałym dziełem tego nowego, ekspresyjnego stylu, bo powstał w r. 1467, wyprzedzając o dziesięć lat rozpoczęcie prac nad ołtarzem Mariackim. Zabytków rzeźby z epoki przedstwoszowskiej, tj. z tzw. okresu „ciemnego", przetrwało w Krakowie niewiele, więcej za to na prowincji, ale tłumaczy się to może m. in. ekspansją sztuki baroku, który zapewne skłaniał niekiedy do przenoszenia rzeźbionych i malowanych ołtarzy gotyckich z kościołów krakowskich do prowincjonalnych lub po prostu powodował ich częściowe przynajmniej niszczenie. Ocenę malarstwa krakowskiego ułatwia na szczęście fakt, że wiele jego zabytków ocalało w kościołach diecezji krakowskiej, a nawet poza granicami diecezji, gdyż malarstwo to posiadało znaczną siłę ekspansji. Jego poziom był bowiem na tyle wysoki, że musiał wywierać wrażenie także na przybyszów, tym więcej że mimo udziału w tworzeniu dzieł sztuki tych drugich, posiadało uchwytne właściwości lokalne. Zarówno ołtarz Dominikański z czasu po r. 1460, jak ołtarz Augustiański z r. 1468 posiadały duże, okazałe retabula malarskie i odznaczały się ekspresją, co odnieść także można do wielu tryptyków topograficznie nie krakowskich, lecz powstałych w Krakowie. Jeden z najwybitniejszych malarzy krakowskich, Marcin Czarny, zapewne twórca wspaniałego ołtarza w Bodzentynie (już z początków w. XVI), był spowinowacony ze Stwoszem, gdyż został teściem jego syna, snycerza Stanisława. Zarówno kultura umysłowa Krakowa, jak jego sztuki piękne były na tyle dojrzałe już około połowy w. XV, że mogły oddziałać nawet na artystów przybywających do miasta skądinąd i wpływać na ich twórczość.

Również napięcia wewnętrzne, normujące życie naukowe i artystyczne miasta, a wynikające z przeciwieństwa między tradycją kulturową i poznawczymi dążeniami czasu, musiały działać pobudzająco na twórczość ówczesnych rzeźbiarzy i malarzy. Każdy ferment ideowy bywa bowiem zaczynem twórczości i przemian, nieraz gwałtownych, jakie się dokonują także w dziedzinie sztuk przedstawiających.

WIT STWOSZ W KRAKOWIE

Tak wyglądało środowisko krakowskie, kiedy postanowiono sprowadzić nad Wisłę młodego rzeźbiarza z Norymbergi, Wita Stwosza. Nasuwa się jeszcze pytanie, dlaczego nie poprzestano na rzeźbiarzach miejscowych. Po prostu dlatego, że było ich bardzo mało, co hamowało swobodę wyboru. Rzecz dziwna, pracowni malarskich bywało w mieście dużo, bo i po trzydzieści, kiedy rzeźbiarzy w świetle źródeł (ogłoszonych przez Jana Ptaśnika w *Cracovia Artificum* — 1917) można wyliczyć na palcach dwóch dłoni, a i to z tym, że w w. XIV i 1. połowie w. XV zanotowano zaledwie trzech (Kunadus, syn Apoldryka, za panowania Kazimierza Wielkiego, Mikołaj na przełomie w. XIV i XV oraz Jakub z Wrocławia przed połową w. XV), bezpośrednio przed przyjazdem Stwosza także trzech, mianowicie Wawrzyńca z Magdeburga, który otrzymał prawo obywatelstwa w r. 1460, Wawrzyńca ze Stradomia, wymienionego w r. 1464 (był on może zresztą tą samą osobą, co magdeburczyk), i Macieja Papieża, malarza i snycerza, wspomnianego w r. 1473. Dopiero w czasach pobytu Stwosza nad Wisłą dochodzi sześć imion: Grzegorza w r. 1480, Michała z Działdowa w r. 1486, Kunczego z Monachium, snycerza i grajka (*pheifir*-fajfer) w r. 1493, Jerzego w r. 1497 oraz sprowadzonego przez Stwosza w charakterze pomocnika Jorga Hubera z Passawy, który przedstawił „list" w r. 1496 w obecności swych poręczycieli: malarza Marcina (Czarnego?) i szklarza Stanisława. Może i wśród wyliczonych przed Huberem imion należałoby szukać wcześniejszych współpracowników norymberczyka, o których jednak, jak się okaże, nic pewnego nie wiemy. Wprawdzie obok podanych przez Ptaśnika rzeźbiarzy mogło pracować więcej przedstawicieli tej sztuki, ponieważ także malarze łączyli nieraz ze swoją profesją znajomość snycerki, w każdym razie jednak krakowska rzeźba miała bez porównania mniej przedstawicieli niż malarstwo. Zaproszono więc do stolicy Stwosza.

Miał on wówczas niespełna trzydzieści lat. Do Krakowa przyjechał po raz pierwszy zapewne około r. 1475, a na długo w r. 1477. Lata siedemdziesiąte wydają się o tyle symptomatyczne, że niemal równocześnie znaleźli się nad Wisłą humanista Kallimach (od 1470) i późnośredniowieczny artysta. Wyrażali więc istniejące w tym czasie sprzeczności ideowe, które mogły prowadzić do nowej jakości, do swoistej syntezy. Stwosz przemieszkał nad Wisłą lat dwadzieścia, związany mocno z miejscowym społeczeństwem. Wstąpił bowiem do krakowskiego cechu malarzy, snycerzy i szklarzy, przy czym kilkakrotnie był starszym tego cechu, a mianowicie w latach 1484, 1489, 1491 i 1495.

Twórczość Stwosza, jak każdą twórczość, należy pojmować i jako przejaw osobistego talentu, i jako zjawisko społeczne. I to nie tylko dlatego, że np. swoje dzieło krakowskie

wykonywał Stwosz na zamówienie mieszczaństwa krakowskiego, które dostarczyło potrzeb-
nych mu do pracy środków materialnych, lecz
przede wszystkim dlatego, że — jak każdy
artysta ówczesny — czuł się silnie związany
ze swą społecznością zarówno w sensie praktyki
życiowej, jak atmosfery kulturalnej.

Stwosza sprowadzono z Norymbergi, w której nie wiadomo jednak jak długo mieszkał,
bo najprawdopodobniej nie był rodowitym no-
rymberczykiem. Jako datę przybycia artysty
do Krakowa przyjmuje się rok 1477, gdyż
wtedy to właśnie zrzekł się obywatelstwa Norymbergi i rozpoczął pracę nad ołtarzem Mariackim. Jest jednak prawdopodobne, że znalazł się w Krakowie już wcześniej, gdyż for-
malna rezygnacja z obywatelstwa mogła na-
stąpić nawet znacznie później, po opuszczeniu
miasta, a przecież przed przystąpieniem do
robót rzeźbiarskich trzeba było omówić z krakowską Radą Miejską warunki pracy, przede
wszystkim zaś postarać się o obszerną pracownię i o pomocników, wybrać potrzebne do
rzeźbienia kłody lipowe, które musiały schnąć
co najmniej dwa lata. Stąd wolno przyjąć, że
po raz pierwszy, jak o tym była mowa, przybył
Stwosz do Krakowa około r. 1475. Popiera takie
przypuszczenie fakt, iż snycerze średniowieczni,
przyzwyczajeni do solidnej roboty technicznej,
przywiązywali wiele wagi do czynności wstęp-
nych, zwłaszcza do wyboru właściwego two-
rzywa.

Kim był ów zaproszony do Krakowa młody
stosunkowo artysta, gdzie się kształcił, jakie

miał za sobą studia — wszystko to otacza mgła tajemnicy. Na temat przedkrakowskich dziejów mistrza panuje w źródłach historycznych tak głębokie milczenie, jak gdyby jego historia zaczęła się dopiero w Krakowie. Długo, lecz do niedawna daremnie, próbowała nauka tak polska, jak obca, przeniknąć tajemnicę rodowego pochodzenia. Udało się ustalić, że nazwisko Stwosz pisano w aktach rozmaicie, bo Schtoss, Stwoss, Stwosz, Stosche, Stosz, imię zaś Vit, Fit, Vitus, Feyt, Vaydt. Zdaniem językoznawstwa polskiego poprawna forma jego imienia i nazwiska powinna brzmieć Wit Stosz. Stwierdzono też, że nazwisko Stosz było znane przed Witem Stwoszem (a właściwie Stoszem) zarówno w Krakowie, jak w Norymberdze czy Ravensburgu, ale tu i tam pojawiło się tylko sporadycznie, przy czym odłam Stoszów ravensburskich był notowany od r. 1438 we Wrocławiu, w związku z czym przypuszcza się nawet, że w sprowadzeniu go do Krakowa pośredniczyła wrocławska rodzina Stoszów. Nazwisko to było jednak popularne na Śląsku już od w. XIII, np. w księstwie karniowsko-opawskim, w związku z czym Ptaśnik podaje w „Roczniku Krakowskim” (t. XIII, 125) kilkadziesiąt przykładów śląskich takiego lub podobnego nazwiska, wymieniając też sporo miejscowości o podobnych nazwach. Językowa zaś analiza nazwiska Stwosza, dokonana przez Stanisława Rosponda (Sprawozdania Wrocławskiego Tow. Naukowego, 1946, 1), skłania tego autora do wniosku, że „zarówno nazwisko Stwosz, jak i imię Wit tłumaczy się zupełnie dobrze materiałem polskim". Zanotowaną też hipotezę o śląskim pochodzeniu Stwosza można by ewentualnie poprzeć także samym faktem sprowadzenia go do Krakowa, bo Kraków średniowieczny, a nawet i nowożytny, współpracował przede wszystkim ze Śląskiem. W ciągu wieków przybywało do Krakowa wielu Ślązaków. Dość wspomnieć, że w latach 1400—1525 przewinęło się przez samą Akademię Krakowską 3500 scholarów ze Śląska. Raz po raz źródła archiwalne przynoszą też wiadomości o artystach pochodzących znad Odry. W samym otoczeniu Stwosza znajdował się malarz Łukasz z Wrocławia oraz zatrudniony przy ołtarzu Mariackim pozłotnik Bernard Opitczir również z Wrocławia. Jak wiemy, niektórzy członkowie rodziny mistrza Wita wyjeżdżali na Śląsk i Łużyce, jak jego syn złotnik Florian do Zgorzelca, dokąd przybył też na naukę jego brat przyrodni Marcin, później osiadły w Siedmiogrodzie. Wiadomo zresztą, że w Ząbkowicach zmarł Wit Stwosz Młodszy (1569), a także sam Wit Stwosz jeździł do Wrocławia, np. w r. 1485.

Udało się wyjaśnić, przynajmniej do pewnego stopnia, rodowód artystyczny Stwosza. Zdaje się już bowiem nie ulegać wątpliwości, że twórca ten w czasie młodości przebywał w krajach górnoreńskich i naddunajskich, że sztuka jego formowała się naprzód na obszarze zakreślonym Strasburgiem i Wiedniem, co — dodać warto — nic jednak nie mówiło o jego narodowości wobec stosowanego przez cechy średniowieczne zwyczaju wysyłania uczniów na wędrówkę artystyczną, jak byśmy dzisiaj powiedzieli, na dodatkowe studia zagraniczne.

Niezbyt dawno udało się jednak znaleźć dowody (poszlaki?), że mistrz pochodził ze szwabskiego Horb, co zdawałoby się potwierdzać okoliczność, że jego brata złotnika Macieja, również zamieszkałego w Krakowie, nazywano Szwabem. Czy to związanie Stwosza z Horb jako jego rodzinnym miastem należy uznać za ostateczne rozstrzygnięcie sporu w przedmiocie jego pochodzenia, trudno stwierdzić z całą pewnością. Kiedy Stwosz mieszkał w Krakowie, pisano o nim jako o rzeźbiarzu z Krakowa, kiedy zaś przebywał w Norymberdze, nazywano go rzeźbiarzem z Norymbergi. Odnaleziona w Archiwum Konsystorza Krakowskiego zapiska z 13 maja r. 1502 określa go słowami *sculptor de Horb*... W trakcie swego pobytu w południowych Niemczech musiał się Stwosz zetknąć bliżej ze sztuką niderlandzką rzeźbiarza Mikołaja z Lejdy, jego dzieła bowiem wywarły widoczny wpływ na kształtujący się dopiero styl Stwosza. Ów Mikołaj pracował naprzód w Nadrenii, w Trewirze (1462) i Strasburgu (1463—67), gdzie zyskał prawo obywatelstwa i wykonał m. in. krucyfiks na cmentarzu w Baden-Baden. W r. 1469 notują jego nazwisko akta Passawy, a około r. 1472 także Wiener Neustadt. W okresie tym rzeźbił płytę nagrobną cesarza Fryderyka III, przewiezioną później do tumu Św. Stefana w Wiedniu. W r. 1478 zapewne już nie żył. Mikołaj z Lejdy pracował w kamieniu, torując drogi nowej, realistycznej sztuce niderlandzkiej, która pośrednio zabarwiła także dzieło Stwosza. Styl rzeźby Mikołaja odznaczał się pewną statycznością, harmonią i spokojem, kiedy dzieła Stwosza uderzają wzrok ekspresją, dowodząc wzmożonej energii życia psychicznego: bywają bardziej dynamiczne, nawet żywiołowe, przeciwstawne pojęciu klasycznej posągowości, której cechy da się odnaleźć w krucyfiksie z Baden-Baden Mikołaja z Lejdy. Do ustaleń tych nie trzeba jednak przywiązywać zbyt wiele wagi. Znacznie ważniejsze bowiem jest dla nas zagadnienie wyglądu, stylu i stopnia łączności ołtarza Mariackiego ze środowiskiem krakowskim.

Twórczość Stwosza ukształtowała się w sposób ostateczny dopiero w Krakowie, bo w chwili przybycia do niego miał on, jak wspomniano, około trzydziestu lat, a może nawet niespełna trzydzieści (dokładna data jego urodzenia nie jest znana): był więc artystą młodym, którego styl nie mógł być czymś ostatecznie utrwalonym i niezmiennym. W wieku około trzydziestu lat twórca nasz musiał jeszcze zachować całkowitą wrażliwość i świeżość odczuwania zarówno natury, jak dzieł sztuki. Że istotnie tak było, dowodzi tego sam ołtarz Mariacki, którego cechy stylistyczne ulegały różnym fluktuacjom w miarę upływu czasu w ciągu dwunastu lat pracy poświęconych przez mistrza swemu największemu dziełu. Artysta, chociaż musiał mieć za sobą poważne osiągnięcia artystyczne — bo chyba dzięki temu ściągnięto go do Krakowa — nie przywiózł z sobą ustalonych raz na zawsze zasad artystycznych, lecz odznaczał się wciąż żywą chłonnością oczu i umysłu, wrażliwego zarówno na starodawną kulturę Krakowa, jak i na urok zdobiących już miasto dzieł sztuki. Wielki poeta realnego świata w rzeźbiarskiej części swego dzieła jako malarz krajobrazu ulegał także nałogom przeszłości i wspomagany — jak się zdaje — przez Łukasza z Wrocławia przeciwstawiał się niekiedy wynalazkom włosko-niderlandzkim w dziedzinie perspektywy i w ogóle pojmowania przestrzeni. Być może, iż jego swoistą wizję krajobrazu, w którym tylko ogólnie respektował wskazania renesansowego realizmu, umacniały m. in. elementy miejscowego, ,,dywanowego'' malarstwa, jakie na pierwszym planie obrazów rozwijało delikatną siatkę roślinności, tworzącej pionowe, bardzo dekoracyjne, do arrasów zbliżone płaszczyzny, albo komponowało czarująco naiwny, górzysty i zadrzewiony pejzaż, wywodzący się z malarstwa lat czterechsetnych, a znany zarówno na Śląsku, jak w Małopolsce, i to już w 1. połowie stulecia. Pierwszoplanową dekoracyjną roślinność stosował wrocławski Mistrz Ołtarza św. Barbary w r. 1447, a kręte ścieżki, strumienie oraz syntetycznie traktowane, na poły symboliczne drzewa i góry, sprowadzone do wyraźnych znaków, spotyka się w krajobrazach wcześniejszych od ołtarza Mariackiego tryptyków krakowskich. Zapowiedzią Stwoszowskich przedstawień natury, o czym uprzednio tylko napomknięto, wydają się odpowiednie partie ołtarzy: Dominikańskiego z lat około r. 1465, Świętokrzyskiego z r. 1467 (w katedrze na Wawelu) i Augustiańskiego z r. 1468. Pierwszoplanowe pasma łąki kwietnej zdobią wiele zachowanych w diecezji krakowskiej tryptyków pochodzenia niewątpliwie stołecznego. Można się tylko domyślać, że szczególnie wielkie wrażenie mógł wywrzeć na przybyłym do Krakowa artyście wymieniony ołtarz Dominikański, że wpłynął on na pewne treści, koloryt i rytmy architektoniczne poliptyku Mariackiego. Ołtarz, wykonany dla dominikańskiego kościoła Św. Trójcy jakieś dziesięć lat przed datą przybycia Stwosza nad Wisłę, był bowiem dziełem okazałym i efektownym. Zwracał uwagę złotem i nasyconym korytem, który jeszcze dzisiaj zachował swą żywość. Wielkie malowane kwatery jego retabulum i jego monumentalne zarysy mogły pobudzić wyobraźnię nawet Stwosza, któremu nie była już obca poznana raczej pośrednio sztuka Niderlandów. Kto wie zatem, czy w żywych barwach ołtarza Mariackiego i w jego na pół malarskich płaskorzeźbach nie kryją się refleksy miejscowej szkoły malarskiej, stosującej wcześniej od Stwosza wyrazistą, choć dość prostą polifonię kolorów. Również maryjna i chrystologiczna tematyka Stwoszowego dzieła pokrywa się w znacznej mierze z fabułą ołtarza Dominikańskiego.

Ołtarzy takich jak Dominikański musiało być w Krakowie więcej: świadczą o tym ocalałe dzieła, rozproszone po wiejskich często kościołach diecezji krakowskiej. W samym Krakowie zachował się z czasów przedstwoszowskich wymieniony już tryptyk z r. 1467 w kaplicy Świętokrzyskiej na Wawelu, którego elementy pejzażowe cechuje podobny stopień rozwoju, co krajobrazy ołtarza Mariackiego. Ołtarzowe retabulum augustiańskiego kościoła Św. Katarzyny wykonano w r. 1468, również przed przystąpieniem do prac malarskich przy ołtarzu Mariackim, wobec czego wolno przypuścić, iż sztuka krakowska nie pozostała bez wpływu na Stwosza, szczególnie na malarskie wartości jego dzieła. Pejzażowe tła tablic ołtarza Mariackiego bez porównania silniej są spokrewnione z malarstwem krakowskim niż z nowatorską sztuką Niderlandów. Dokładniejszą analizę tych krajobrazów przeprowadzi się w końcowej części rozważań.

★ ★ ★

Przygotowany w ten sposób do pracy artystycznej rzemieślnik-artysta, szkolony naprzód może w jakiejś pomniejszej pracowni, z kolei dopuszczony dzięki latom wędrówki do tajników europejskiej sztuki Mikołaja z Lejdy, a za jego pośrednictwem oswojony ze zdobywczym realizmem wielkiej sztuki Niderlandów, przez jakiś czas zamieszkały w Norymberdze, uległ zapewne także podnietom twórczym czerpanym z dawnej sztuki Krakowa oraz z aktualnego środowiska krakowskiego. Atmosfera polskiej stolicy, w związku zresztą z bujnym, intensywnym wówczas życiem całej Europy, kryła zapewne bodźce skłaniające do dynamicznych działań choćby w związku z przenikającymi ówczesne życie sprzecznościami. Kończyło się średniowiecze, zresztą nie bez oporu jego kontynuatorów: rodził się zaś polski humanizm, budziły się konflikty „klasowe", niekiedy także pod maską walk narodowościowych. Polacy walczyli z Niemcami, np. o kościół Mariacki, a w walce tej brał też udział żywioł szlachecki, w zasadzie nieprzyjazny mieszczaństwu i gotujący recesję miastom polskim w imię egoistycznych interesów stanowych. Na oczach Stwosza odbywał się też proces polszczenia się ludności niemieckiej, który sprawi, że w w. XVI miasto zyska wyraźnie polski charakter. Spotykał się więc mistrz zarówno z niemiecką, jak polską ludnością miasta, zwłaszcza że i w Radzie Miejskiej zasiadali Polacy, a w cechach rzemieślniczych zaznaczała się w ostatniej ćwierci w. XV równowaga liczebna między żywiołem napływowym a miejscowym, polskim.

Tkwiące w epoce i w środowisku przeciwieństwa, wzajemne przenikanie się interesów gospodarczo-społecznych, stanowych i wartości kulturowych nie mogło zapewne pozostać bez wpływu na psychikę tak wybitnego, a zatem i wrażliwego artysty jak Stwosz. Wreszcie na wyraz plastyczny jego twórczości musiał oddziałać właściwy mu temperament, wiodący często do konfliktów z otoczeniem, jak dowodzą tego zwłaszcza późniejsze jego norymberskie perypetie życiowe. Naturalnie potężną rolę odegrał tu jego osobisty, subiektywny talent. Stwosz nie miał, jak się zdaje, natury zbyt refleksyjnej czy kontemplacyjnej, lecz na odwrót, był na pewno człowiekiem żywym, energicznym, obrotnym, a nawet gwałtownym. Posiadał dar precyzyjnej obserwacji i odznaczał się celnością środków wyrazu, dzięki czemu mógł stworzyć galerię typów ludzkich o potężnej ekspresji. Przypisany mu typ psychiczny może pomóc w rozumieniu jego twórczości, a zarazem dziejów jego bogatego życia, a także różnorodnych, niekiedy sprzecznych z sobą sądów, formułowanych o nim przez współczesnych. Inną np. opinią cieszył się mistrz w Krakowie, inną w Norymberdze, do której wrócił w r. 1496. Kontrast między pozycją, jaką zdobył sobie w Krakowie, a stosunkiem do niego Rady Miejskiej w Norymberdze zarysowuje się jaskrawo w świetle słów zapisanych na jego temat w księgach krakowskich i norymberskich. Pierwsze sławią cnoty mistrza, jego stateczność i pilność. Heydek-Mirika w dokumencie odnalezionym na ołtarzu Mariackim pisał o artyście: „A mistrz abo rzemieślnik tey roboti był (...) dziwnie stateczny y pilny, y życzliwy, którego rozum y robota po wszystkim chrześcijaństwie z pochwał słynie, którego tesz tu robota ta zaleca na wieki". Podług źródeł norymberskich natomiast artysta ten to „niespokojny i bezecny obywatel" (*unruhiger, haylloser burger*) oraz „zbłąkany i krzykliwy człowiek" (*ein irriger und geschrayiger Man*). W Krakowie zwolniono go od podatków jako zasłużonego obywatela i darzono wyjątkowym szacunkiem, w Norymberdze ograbiono go częściowo z majątku, trzymano w lochu oraz piętnowano na obu policzkach i skroni. W Krakowie podziwiany i ceniony, zwolniony nawet od podatków, w Norymberdze zbezczeszczony, miał nawet trudności z pozyskaniem czeladników, którzy unikali zhańbionego starca. Mistrz szamotał się wśród przeciwności losu, przy czym, ulegając swemu gwałtownemu usposobieniu, popełniał błędy życiowe, a w Norymberdze, chociaż rzeczowo miał rację, formalnie popadł w kolizję z prawem, co tak okrutnie zemściło się na nim. Był na pewno uparty i wytrwały, niesłychanie pracowity, zdolny do niezwykłego wysiłku, a równocześnie zapobiegliwy, jak typowy mieszczanin--rzemieślnik, przywiązany do owoców swej pracy i uciułanego majątku. W Krakowie dorobił się znacznej fortuny, co pozwoliło mu na kupno domu w Norymberdze i na lokatę kapitałów, jak się okazało, niepewną. Właściwa mu mieszczańska skrzętność stała w sprzeczności z innymi cechami jego psychiki, szczególnie z jego porywczością, a zarazem polotem twórczym, z jego rozległą wyobraźnią, opartą jednak zawsze na trzeźwej obserwacji rzeczy i zjawisk, skłonnością do wielkiego stylu i wszechstronną twórczością. Zajmował się bowiem Stwosz rzeźbą w drewnie i kuciem w kamieniu, odlewnictwem w brązie, malarstwem, rysunkiem i grafiką, znał się na pozłotnictwie i był budowniczym.

O jego wyglądzie informuje — być może — jedna z postaci ołtarza (ryc. 41). Jest rzeczą znaną, że artyści średniowiecza odtwarzali nieraz siebie samych na mniej poczesnych miejscach swego dzieła. Toteż trafiały się już próby zidentyfikowania rysów rzeźbiarza w jego norymberskich utworach — jednak niezbyt przekonywające. Byłoby wszelako rzeczą dziwną, gdyby nie przedstawił siebie w swym najwybitniejszym dziele, tj. w ołtarzu krakowskim. Biorąc pod uwagę wiadomości o jego wieku, charakterze (podług relacji krakowskich, potem norymberskich), dalej duchowy klimat wielkiego retabulum, a także wyniki analizy różnych figur ołtarzowych, można wysunąć domniemanie, że wizerunkiem Stwosza mógł być ukazany w kulminacyjnej scenie *Ukrzyżowania*, lecz ostatni w lewostronnym szeregu wygolony mężczyzna w uszatej czapce-kapturze i szubie z taśmami, z zamyśloną twarzą, pogrążony w tak głębokiej zadumie, że nie reaguje na gwałtowne gesty podrygującego przy nim i podnieconego setnika. Nie reaguje może dlatego, że sam poznał najlepiej sens przedstawionego dramatu, który skomponował, przemyślał i przeżył. Po częściowym wykonaniu dzieła mógł już Stwosza dzielić od niego pewien dystans, jak na to zdaje się wskazywać także rzeczona tablica. Te psychologizujące rozważania nie prowadzą niestety do stwierdzeń, lecz kończą się zaledwie domysłem, oby zbliżonym do prawdy.

Biologiczną żywotność mistrza potwierdzają jego stosunki rodzinne. Mieszkał we własnym domu przy dzisiejszej ulicy Poselskiej, może w zachowanej oszkarpowanej kamienicy w narożniku wymienionej ulicy i ulicy Grodzkiej. Nie jest jednak wykluczone, że dom ten był własnością jego zamożnego i skrzętnego brata Macieja, złotnika z fachu, również zamieszkałego w Krakowie i tutaj zmarłego. Wit był żonaty dwa razy i posiadał wyjątkowo liczną rodzinę. W Krakowie żył z pierwszą żoną Barbarą, z którą miał ośmioro dzieci, m. in. późniejszego snycerza Stanisława, złotnika Floriana, osiadłego z czasem w Zgorzelcu, oraz malarza i rzeźbiarza Jana, który przeniósł się później do Siedmiogrodu, a także Andrzeja, który studiował w Akademii Krakowskiej i jako doktor teologii został przeorem klasztoru Karmelitów w Norymberdze. Miał też Wit dwie córki, a z drugiej żony, zaślubionej już w Norymberdze, jeszcze kilku synów, m. in. złotnika Marcina, który uczył się naprzód u swego brata Floriana w Zgorzelcu, a potem wyjechał do Siedmiogrodu, skąd przeniósł się do Krakowa. Nawiasem mówiąc, w Siedmiogrodzie znalazło zajęcie kilku Stwoszów. W sumie artysta posiadał, jak się zdaje, trzynaścioro dzieci i stał się założycielem istnej dynastii artystycznej. Był więc i wielkim artystą późnego średniowiecza, i typowym dla obyczajów mieszczańskich patriarchą rodu, z którego rekrutowało się, jak wiemy, sporo artystów działających już w w. XVI. Ta liczna rodzina artysty, skupiona głównie w Krakowie, później, po zaślubieniu przez mistrza drugiej żony, pomnożona w Norymberdze, z czasem rozproszona na Śląsku, w Siedmiogrodzie i Norymberdze, lecz częściowo zamieszkała i nad Wisłą, świadczy, że Wit czuł się artystą związanym ze stolicą Polski, przynajmniej w najlepszych latach swego życia, i że miał tutaj wyrobione stosunki łączące go ze społecznością miejską.

Do otoczenia Stwosza, popularnego i niezwykle cenionego w mieście rzeźbiarza, należeli oprócz najbliższej rodziny liczni zwolennicy jego sztuki, o których niewiele jednak wiemy. Znalazł się pośród nich znany nam już pisarz miejski Jan Heydek-Mirika (ryc. 60), będący być może łącznikiem między Stwoszem a światem humanistów krakowskich; do przyjaciół artysty należał zapewne stolarz Laszlo, podobnie jak Mirika lub ów wspomniany brat artysty, Maciej, jeden z pełnomocników mistrza w okresach jego wyjazdów z miasta; do grona tego należeli też prawdopodobnie malarz Łukasz z Wrocławia i niektórzy z pomocników snycerza, zatrudnionych przy budowie ołtarza. Zespalały go poza tym z mieszczaństwem krakowskim liczne transakcje pieniężne, o których informują często akta krakowskie. Łączą go także z wybitniejszymi członkami cechów związki powinowactwa, bo na przykład malarz Marcin Czarny, zapewne twórca około r. 1508 świetnego ołtarza w kościele parafialnym w Bodzentynie, został teściem jego syna, snycerza Stanisława, który również powrócił do Krakowa. Cały ten splot interesów, przyjaźni i znajomości, na pewno mocniejszy od motywów podawanych przez nieliczne źródła historyczne, zacieśniał więź mistrza z miastem i jego ówczesną kulturą.

Stwosz, obciążony czy raczej wspomagany, jak każdy artysta, dziedzictwem epoki, a uskrzydlony jej zwrotem ku przyszłości, uwarunkowany stosunkami środowiska krakowskiego, obdarzony wielkimi zaletami umysłu, darem obserwacji, nieprzeciętną energią życiową i pasją twórczą, dzięki której pracował chyba szybko, zmierzając do realizacji z góry ustalonego programu ołtarza, przystąpił do pracy nad swoim największym dziełem, jak mówi ówczesne źródło „Roku od wcielenia Pana naszego Jezu Christa 1477 około święta Urbana Świętego", tj. późną wiosną, w dniu 25 maja. Jak była o tym mowa, o życiu Stwosza i jego twórczości w okresie przedkrakowskim nie wiemy właściwie nic pewnego. Za to o procesie powstawania ołtarza Mariackiego i jego historii wiemy stosunkowo dużo. Wiadomości te zawdzięczamy wspomnianej karcie pergaminowej, zredagowanej „ku pamięci" po r. 1489 zapewne przez Heydeka-Mirikę, a odnalezionej w r. 1533 w puszce umieszczonej na ołtarzu. Oryginał tego pisma wprawdzie zaginął, ale zachowały się trzy jego kopie: najstarsza z r. 1585 w języku polskim, przechowywana w archiwum kościoła Mariackiego (vol. VII, fasc. 6), nieco późniejsza także w tłumaczeniu polskim z początku w. XVII w Bibliotece Jagiellońskiej (Kod. VII, s. 62) oraz kopia w języku łacińskim również z w. XVII w wymienionym fascykule kościoła Mariackiego. Ponieważ część pisma Heydeka zawiera wiele wiadomości kłamliwych i jest zredagowana w duchu nieprzychylnym polskiej ludności miasta, istnieją poszlaki, że fragment ten jest interpolacją i falsyfikatem, podrobionym około r. 1533, w okresie największego nasilenia walki o kościół Panny Marii między ludnością polską a niemiecką. Już od 2. połowy w. XV wzrastały w mieście nastroje antyniemieckie, a Jan Ostroróg pisał wówczas w swoim memoriale, że w kościele parafialnym „czasem ledwie kilka niemieckich bab słucha nabożeństwa", podczas gdy Polacy muszą się tłoczyć w ciasnym kościele Św. Barbary. Walka o kościół Mariacki została wygrana przez żywioł polski w cztery lata po odnalezieniu pisma Heydeka, bo w r. 1537.

Nie jest zgodna z prawdą zawarta w tym piśmie oszczercza informacja dotycząca stosunku ludności polskiej do budowy ołtarza Stwoszowskiego. Zawiera ono bowiem m. in. słowa „Na to żaden Polak nie dał ani żadnej jałmużny, ani żadnym ratunkiem nie ratował, ale się ich wielu naśmiewało, tak mniemając, że się to [budowa ołtarza] nigdy dokonać nie miało, którzy potem rozmaitemi przeciwnościami przez Najświętszą Pannę byli nawiedzeni". Słowa te, mimo nie wszędzie zręcznego tłumaczenia, brzmią nam w uszach jak znana i wielokrotnie ograna melodia, dyktowana przez nacjonalizm niemiecki. Odnajdujemy też w tym ustępie pewne echa hagiograficznych życiorysów, jak motyw ukarania szyderców. Tej końcówce tekstu przeczy zresztą jego część pierwsza, która mówiąc o zaniedbaniach w trakcie budowy ołtarza, zawinionych przez niektórych pełnomocników Rady Miejskiej i nadzorców całej roboty, wychwala innych, „ktorzy nazbirawszy od ludzi jałmużny, tuż dopiero robotę zaczętą prowadzili do końca". Wynika z tego, że fundusz budowy ołtarza powstawał w dużym stopniu z drobnych jałmużniczych składek, zbieranych zapewne wśród pospólstwa. Wspomniany także w piśmie Heydeka jako jeden z głównych dobrodziejów kościoła Panny Marii Franciszek Gliwicz (pochodzenia śląskiego, z Gliwic?), ofiarodawca bardzo poważnej kwoty tysiąca florenów, musiał się uważać za Polaka, skoro był starostą wolbromskim i szlachcicem herbu Starykoń. Wiadomo wreszcie ze źródeł na pewno, że pierwsze fundusze na ołtarz zapisali testamentem jeszcze przed jego rozpoczęciem

Polacy: w r. 1473 Maciej Opoczko złotych 60, a w tym samym roku Dorota Sweszniczka (tj. fabrykantka świec) przeznaczyła cztery grzywny „na nowy ołtarz dla naszej Drogiej Pani". Już po rozpoczęciu prac nad ołtarzem spotykamy wśród jego dobrodziejów innych Polaków: Jana Stano (1478), Macieja Muskatę (1479), Jana Krupka (1480), Annę Gliwiczową (1483) oraz Pawła Aptekarza (1485), a także Annę, żonę kapelusznika Szymona, Katarzynę płatnerkę, Annę Bartoszową z Martą aptekarką i innych. Oprócz tych zamożniejszych osób, ofiarujących na ołtarz znaczne nieraz kwoty, a nawet całe domy, większość potrzebnego na budowę kapitału zebrano, jak wiemy, drogą kolekty drobnych składek, co warto podkreślić, gdyż wynika z tego, że współfundatorami ołtarza były setki bezimiennych i ubogich mieszkańców miasta, przynależnych do miejscowego ludu.

Aczkolwiek do administrowania budową poliptyku powołano osobnych pełnomocników, to jednak musiała się nim interesować Rada Miejska, której członków autor pamiątkowego pergaminu dość skrupulatnie wymienia. Wśród nich znajdowali się obok Niemców Polacy, jak Jan Karniowski, Stanisław Przedbor, Stanisław Zygmuntowicz, Jan Gawron, Jakub Wilkowski, Mikołaj Zagórowski, Jan Wiewiórka i Jan Reguła. W późniejszej fazie pracy znaleźli się w komitecie budowy jeszcze: Jan Turzo, członek patrycjatu miejskiego, należący do rodziny pochodzenia węgierskiego, która dorobiła się prawdziwej fortuny na handlu, zwłaszcza miedzią, oraz sam domniemany autor przynajmniej pierwszej części omówionego dokumentu, zaprzyjaźniony z Kallimachem i Celtisem — Heydeke-Mirika.

★ ★ ★

Pracę nad ołtarzem rozpoczął Stwosz z końcem maja r. 1477, a ukończył ją w całości w pełni lata, pod koniec lipca r. 1489. Praca ta odbywała się w dwóch etapach. Większość prac rzeźbiarskich wykonano bowiem przed r. 1486, skoro w tym roku Stwosz wyjechał na czas dłuższy do Norymbergi w sprawach własnych oraz jako pełnomocnik krakowskiej Rady Miejskiej. Ściślej, nawet już trzy lata wcześniej, bo w r. 1483, znaczna część poliptyku musiała być gotowa przynajmniej w swej partii rzeźbiarskiej, gdyż 5 października tegoż roku zanotowano w krakowskich księgach radzieckich, że gmina zwolniła artystę od podatków w uznaniu „dla jego cnót i sztuki, którą pokazał na wielkim ołtarzu w kościele naszej Drogiej Pani, a którą pokaże jeszcze przy (...) wykończeniu". W tym samym r. 1483 przyjął w Krakowie — rzecz dająca do myślenia — prawo obywatelstwa malarz Łukasz, wezwany z Wrocławia zapewne w charakterze pomocnika Stwosza. Po wspomnianym wyjeździe Stwosza w r. 1486 odbywały się przy ołtarzu dalsze, ale chyba już drugorzędne prace warsztatowe. W ostatnim dniu grudnia r. 1488 potwierdzają jego pobyt w Krakowie akta wójtowskie, co, rzecz oczywista, nie sprzeciwia się przypuszczeniu, iż mógł był wrócić znacznie wcześniej. W każdym razie w okresie 1488—89 mistrz zabrał się do ostatecznego wykończenia dzieła, które po dwunastu latach pracy zajaśniało pełnym blaskiem 25 lipca r. 1489. Koszta jego wykonania wyniosły 2808 florenów. Wysokość tej kwoty można ocenić przypominając, że słynny Michał Pacher otrzymał za swój ołtarz w Sankt Wolfgang 1200 florenów, a za swój spory dom, zakupiony w r. 1499 już w Norymberdze, zapłacił Stwosz 800 florenów.

Tak ogromnego dzieła jak ołtarz Mariacki nie mógł artysta wykonać własnymi rękoma. Zgodnie ze średniowiecznym zwyczajem posiadał pracownię, w której zatrudniał pomocników. Niestety niewiele o nich wiemy z braku odpowiednich przekazów źródłowych. Można by to wytłumaczyć tylko w jeden sposób, mianowicie że ich praca z mistrzem układała się harmonijnie, że jego stosunek do nich był widocznie przyjazny, gdyż normalnie o członkach pracowni informują akta sądowe i w ogóle księgi miejskie, przede wszystkim w przypadku konfliktów między mistrzem a jego otoczeniem. Skoro więc w aktach brak nazwisk (imion) jego pomocników, wnioskujemy o dobrej atmosferze pracowni. Z drugiej strony dziwi to jednak, ponieważ Stwosz miał być człowiekiem pełnym temperamentu, a w związku z tym porywczym. A może ujemna opinia, ustalona o nim później, w Norymberdze, była tylko wymysłem? Trudno to rozstrzygnąć. Jest jednak rzeczą jasną, że roboty stolarskie przy ołtarzu wykonali stolarze, a zdobiącą architekturę rzeźbę dekoracyjną snycerze, oczywista, podług projektu głównego mistrza i przedsiębiorcy budowy ołtarza,

Wita Stwosza, który czuwał nad całością robót. Zaczynał niewątpliwie od rysunków całości i części. Jak przemawiają za tym świetne rysunki piórkowe artysty w zbiorach Budapesztu i Berlina, co prawda dopiero z lat 1504—05, lecz zbliżone stylem i treścią do kwater ołtarza krakowskiego i wykonanych w Krakowie grup św. Anny Samotrzeciej, artysta notował nie zawsze w pełni wykrystalizowane pomysły plastyczne, z kolei wykonywał dokładniejsze, jakby malarskie, bo światłocieniowe rysunki, żeby następnie opracować dokładne projekty w pewnym sensie techniczne, pomocne zwłaszcza przy rzeźbieniu płaskorzeźb. Przechowywany dawniej w Zakładzie Historii Sztuki Uniwersytetu Jagiellońskiego (a skradziony przez niemieckiego okupanta) projekt późniejszego „ołtarza Bamberskiego" był niewielkim, syntetycznie traktowanym planem całości, lecz wydaje się rzeczą chyba pewną, iż mistrz sporządzał także rysunki techniczne naturalnych wymiarów, gdyż bez nich jego pomocnicy nie mogliby się obejść.

Złocili ołtarz pozłotnicy, a w pracy malarskiej pomagali mu malarze — albo zatrudnieni w pracowni mistrza w charakterze czeladników, albo samodzielni majstrzy. Miał także Stwosz współpracowników rzeźbiarzy, jak na to wskazuje styl ołtarza. Jego nasady, złożonej ze sceny *Koronacji Matki Boskiej* (ryc. 7) i figur bocznych, nie mógł rzeźbić on sam, gdyż jakości formalne tych rzeźb nie są zbieżne ze stylem mistrza. Twórcą tej szczytowej części nie mógł być jednak, jak mniemano, Mistrz Tryptyku w Książnicach (1491), ponieważ jego trochę topornie wyciosane i krępe figury są znacznie słabsze nawet od zwieńczenia ołtarza Mariackiego, a styl ich odmienny. Natomiast typ Chrystusa z *Koronacji* tegoż ołtarza powtarza się, np. w scenie *Wniebowzięcia Matki Boskiej* w środkowej strefie szafy (ryc. 6), a może i w scenie *Zmartwychwstania* w prawym (od widza) skrzydle poliptyku. Rękę twórcy tych części ołtarza ze skłonnością do tworzenia nieco sztywnych i zbyt wydłużonych postaci rozpoznaje się także w niejednej figurze czy płaskorzeźbie Stwoszowskiego dzieła, np. na tablicy *Chrystus w otchłani* (ryc. 20).

Natomiast brak jakichkolwiek podstaw do przypuszczenia, że już przy ołtarzu Mariackim pracował Jorg Huber z Passawy, kamieniarz, którego Stwosz sprowadził dopiero do kucia w marmurze w związku z późniejszym zamówieniem na nagrobek Kazimierza Jagiellończyka. Łączone przez naukę z Jorgiem Huberem figurki predelli i obramowania szafy posiadają tyle finezji, że musiał je (a przynajmniej ich większość) rzeźbić sam mistrz.

Zupełnie konkretne wiadomości przekazały akta o pozłotnikach zatrudnionych przy ołtarzu, a to w związku z dokonywanymi przez nich kradzieżami złota. Wyzłacaniem zajmował się m. in. Bernard Opitczir z Wrocławia, który wskutek przywłaszczenia sobie części złota musiał ustąpić miejsca innym. W r. 1485 pełnomocnik Rady Miejskiej Jan Turzo sprzedał jego narzędzia warsztatowe Krzysztofowi Dornhawsirowi, który podjął się może przy ołtarzu dalszych robót pozłotniczych.

Co do innych pozłotników Stwosza —

można snuć zaledwie przypuszczenia oparte na wiadomościach źródłowych, gdyż w różnych sprawach pieniężnych, rejestrowanych w księgach miejskich Krakowa, bierze często udział pewna grupa osób, łączących się z sobą w różnych kombinacjach sytuacyjnych, a powiązanych w pewien sposób z osobą Wita. I tak malarz Łukasz z Wrocławia, jak i wdowa po nim Małgorzata mają interesy ze Stwoszami: tenże Łukasz (nie żył już w r. 1495) utrzymuje stosunki z pozłotnikiem Bartoszem i stolarzem Laszlo, który po wyjeździe Stwosza do Norymbergi w r. 1496 zostaje jego oficjalnym pełnomocnikiem. Tegoż Laszla, Łukasza i pozłotnika Opitczira z Wrocławia wymienia znowu zapiska z r. 1486, odnosząca się do płaskorzeźb ołtarza Mariackiego. W związku z tym wolno przypuścić, że właśnie stolarz Laszlo, z czasem pełnomocnik Wita, wykonał architekturę ołtarza, a malarz Łukasz był zatrudniony przy pracach malarskich pentaptyku. Potwierdza to cytowany już fakt, że ów Łukasz został sprowadzony do Krakowa w r. 1483, a więc właśnie wówczas, kiedy co najmniej większość rzeźb ołtarza była już gotowa.

Nie należy jednak przeceniać zasług rzeczonego Łukasza czy może i innych malarzy zatrudnionych przy polichromii, gdyż nie tylko projekt całości był dziełem Wita. Kompozycja kolorystyczna całej struktury ołtarzowej, zwłaszcza jego skrzydeł, gra rolę niemal równorzędną z rzeźbą, wobec czego jest rzeczą nie do pomyślenia, żeby mistrz składał te prace wyłącznie na cudze barki. Niewątpliwie dobierał składniki licznych akordów barwnych, czuwał nad malowaniem teł pejzażowych, a zapewne i sam brał pędzel do ręki. Wszak w źródłach krakowskich bywa nazywany i snycerzem, i malarzem: w niektórych latach określenie „malarz" trafia się nawet częściej od wyrazu „snycerz". Wiadomo też, że w czasie drugiego pobytu w Norymberdze podejmował się prac czysto malarskich. Rozbiór stylistyczny dzieła prowadzi do wniosku, że ważniejsze prace przy ołtarzu wykonywał Stwosz własnoręcznie, w związku z czym właściwej wymowy nabierają słowa Heydeka, że mistrz był „dziwnie pilny". I w średniowieczu, i w okresie Odrodzenia trafiali się bowiem artyści zdolni do wykonywania prac tak ogromnych, że aż niezrozumiałych z punktu widzenia możliwości twórców nam współczesnych.

Ołtarz — wykończony przez Stwosza z końcem lipca 1489 r. — musiał wywołać wielki podziw mieszkańców. Nie zachowały się wprawdzie wiadomości mówiące bezpośrednio o tej sprawie, ale znajomość epoki i środowiska mieszczańskiego, jak również świadectwa odnoszące się np. do dzieł malarstwa Niderlandów pozwalają na odtworzenie przypuszczalnych wrażeń, jakie arcydzieło Stwosza wywierało na ówczesnych widzach. Musiała porywać dramatyczna ekspresja całości i złoty blask rzeźby, musiało się podobać w ołtarzu dokładne przedstawienie ludzi, natury i przedmiotów, świetne rzemiosło, pedantyczne wykończenie szczegółów oraz ich zgodność z desygnatem. Na odczucia i reakcje psychiczne ówczesnych odbiorców utworu składały się: pobożny, kultowy stosunek do dzieła oraz naiwny podziw dla poszczególnych części. Sławiono zapewne takie szczegóły, jak piękność Marii i „prawdziwe", z codziennego życia wybrane postacie, realistycznie traktowane, pełne wyrazu oblicza i ciała apostołów. Zwrócono zapewne uwagę na strużki krwi lub sieć niebieskawych żył oplatających ciała apostołów i Chrystusa, podziwiano (być może już w pracowni) malownicze tła krajobrazowe. Cieszyła współczesnych pełnia życia promieniująca z ołtarza. Ale nie pytano ani o strukturalne elementy tablic i całości, ani o artystyczną jednolitość dzieła, bo pojęcia te nie były znane. Z drugiej strony wartości artystyczne dzieła, chociaż mogły umykać uwadze, jednakże — wzmacniając ekspresję wielkiego retabulum — potęgowały wymowę jego lirycznych i dramatycznych treści i w ten sposób oddziaływały pośrednio na uczuciową sferę psychiki ówczesnego człowieka. W świadomości ludzi średniowiecza ołtarz wielki był przede wszystkim przedmiotem kultu i głównym, najważniejszym akcentem kościelnego wnętrza. Dla nas zaś — ludzi w. XX — ołtarz ten jest nade wszystko wspaniałym dziełem sztuki.

OŁTARZ JAKO DZIEŁO SZTUKI

Poliptyk Wita Stwosza powstał w jakieś sto lat po wzniesieniu kościoła Wniebowzięcia N. Panny Marii, żeby zastąpić nie znany nam niestety ołtarz dawniejszy. Dzieło to nie było więc skomponowane równocześnie z wykończeniem czternastowiecznej bazyliki, lecz zostało przez artystę dostosowane do istniejącego już wnętrza. Z natury rzeczy stało się więc owocem pewnego kompromisu, lecz kompromis ten dokonał się w wyniku gruntownego przemyślenia sprawy przez wybitnego artystę. Ołtarz Mariacki jako główny miał się stać naczelnym elementem chóru i górować nad innymi czynnikami wnętrza, z drugiej strony musiał się liczyć z jego stylistycznym charakterem, żeby nie zatrzeć wyraźnie pionowej, a nawet lotnej rytmiki członów architektonicznych oraz smukłych proporcji całości prezbiterium. Warunkom tym mógł ołtarz sprostać tylko do pewnego stopnia, już choćby z tego powodu, że jako twór późnego gotyku, czyli tzw. baroku gotyckiego, był owocem innego czasu historycznego i innej świadomości ideowo-estetycznej niż ukończona z końcem w. XIV świątynia.

Poliptyk Stwosza (ryc. 1—3) szerokością swoją zajmuje połowę szerokości chóru i dzięki swoim ogromnym wymiarom jest widoczny z daleka jako zakończenie głębokiej, dwustopniowej przestrzeni wnętrza, podzielonego na trójnawowy, beztranseptowy korpus i długie prezbiterium, zwężone optycznie przez smukły wykrój ściany tęczowej. Ściana ta tworzy jak gdyby ramy, poza którymi otwiera się błękitniejące w oddali trójboczne zakończenie chóru, oświetlonego wąskimi a wysokimi oknami. Przez okna te przecieka do wnętrza silnie rozpylone światło, załamujące się w tysiącach różnobarwnych szybek, z których składają się witraże tych okien pochodzące z w. XIV. Trzy okna trójbocznego zakończenia chóru zostały przecięte w swej niższej części poziomym gzymsem wielkiej szafy i (dawniej) skrzydeł ołtarza, bo nie dało się tego uniknąć. Horyzontalny układ retabulum, ujętego w szeroki prostokąt, zaciera nieco pionowy rytm witrażowych okien i całej architektury, ale go nie niweczy. Układ ten stara się bowiem dostosować za pośrednictwem różnych, jak gdyby pomocniczych elementów do architektonicznej idei kościoła.

W tym celu uzupełniono poziome strefy ołtarza artykulacją pionową, widoczną tak w samej jego konstrukcji, jak w kompozycji figuralnej, a zwłaszcza w ażurowej architekturze baldachimów. Ów masywny i statyczny konstrukcyjnie ołtarz został umieszczony wysoko nad posadzką budowli dzięki stopniom prowadzącym ku mensie oraz predelli wywyższającej szafę i jej skrzydła rozwinięte nad mensą. Poziome kierunki i kondygnacje struktury przełamuje wreszcie trójskrzydłowy układ, odpowiadający trzem oknom chóru, następnie ruch ogromnych, na ogół stojących, a więc pionowych figur szafy środkowej, wreszcie rytm lasek baldachimu, wieńczącego półkoliście zakończoną wnękę szafy, oraz ażurowe i wątłe, ustawione na szafie, wyższe niż dzisiaj baldachimowe konstrukcje, otaczające figury szczytowe.

Retabulum to liczy się zatem do pewnych granic z architekturą prezbiterium, ale po trosze także jej się przeciwstawia. Dzięki temu potęguje własną ekspresję, ściąga na siebie uwagę i staje się odpowiednikiem dumnej samowiedzy mieszczaństwa krakowskiego, które pragnęło ufundować pomnik godny stołecznego miasta i głównego, parafialnego kościoła.

Silnie wyzłocony ołtarz, pokryty wielobarwną mozaiką nasyconych kolorów, które miały wytrzymać konkurencję witraży, tworzących naturalne tło trójdzielnej struktury — stanowi istotnie główny czynnik wnętrza. Wspomagany zaś blaskiem wielobarwnych okien, chociaż umieszczony u krańca głębokiej przestrzeni, hipnotyzuje niejako widza zaraz po przekroczeniu przezeń głównego wejścia i przyciąga ku sobie wzrok z nieprzepartą siłą.

*   *   *

Ołtarz Mariacki jest największym tego typu zabytkiem gotyckim Europy. Szerokość jego wynosi 11 m, a wysokość 13 m. Sama szafa posiada 5,34 m szerokości i 7,25 m wysokości. Umieszczone w niej figury osiągają wysokość do 2,80 m. Są gigantyczne. Wymiary te zyskują na wymowie przez zestawienie ołtarza krakowskiego z największymi, a czasowo bliskimi mu ołtarzami południowych Niemiec, ściślej Austrii, gdyż szafy słynnych ołtarzy Michała Pachera w Sankt Wolfgang koło Salzburga i w Kefermarkt koło Linzu posiadają: pierwsza 3,16 m szerokości, 3,90 m wysokości, druga zaś 3,08 m szerokości, a 3,20 m wysokości. Scena główna ołtarza krakowskiego zajmuje więc powierzchnię trzy i cztery razy większą niż analogiczne części we wspomnianych ołtarzach austriackich. Te niezwykłe rozmiary krakowskiego pentaptyku zmuszały już same przez się do szczególnie mocnej i statycznej konstrukcji, gwarantującej trwanie dzieła.

Sprawą ważną była więc technologia produkcji, gdyż wykonanie i ustawienie tak ogromnego masywu, jak Stwoszowski poliptyk, na który zużyto całe tony drewna, wymagało odpowiedniego zorganizowania pracy, koordynacji robót, wieloletniego ciosania i szlifowania figur oraz sporządzenia mocnej armatury, uwzględniającej prawa statyki w związku z wielopiętrową konstrukcją, a nawet obmyślenia sposobu ustawienia potężnej szafy i jej równie ciężkich uzupełnień. Nad sklepieniem prezbiterium, na poddaszu kościoła, zachowała się do dzisiaj część urządzenia, przy którego pomocy podnoszono kompartymenty ołtarza. Jest to kołowrót, tj. spory walec z uchwytami, służący do nawijania liny (ryc. 99). Reszta zaginęła. Całość była zapewne podobna do „machin" używanych w trakcie zwykłych robót budowlanych, a znanych z rysunków. Toteż zachowany do chwili obecnej fragment konstrukcji dźwigowej wolno uznać za wcale cenny zabytek średniowiecznej mechaniki.

Retabulum ołtarza, wykonane z popularnego w snycerce średniowiecznej drzewa lipowego, powtarza zwykły schemat tryptyków gotyckich. Składa się bowiem z predelli (ryc. 4), szafy środkowej i skrzydeł. Nie jest jednak tryptykiem w ścisłym znaczeniu słowa, choć takie sprawia wrażenie, lecz pentaptykiem, gdyż składa się z pięciu zasadniczych części, tj. z szafy z ruchomymi, osadzonymi na zawiasach skrzydłami, stanowiącymi rodzaj drzwi, przy których pomocy można ją otwierać i zamykać (ryc. 2). Owe drzwi otwarte zakrywają drugą parę skrzydeł, utwierdzonych nieruchomo po obu bokach szafy. Te nieruchome skrzydła są zatem widoczne przy ołtarzu zamkniętym. W razie otwarcia zostają przysłonięte skrzydłami (drzwiami) ruchomymi. Tylna ściana szafy, tworząca tło dla rzeźbionych figur, dzieli się na trzy płytkie wnęki, odgraniczone od siebie dwoma trójbocznymi występami, a zbudowane z regularnie biegnących pionowych desek, przy czym najszersza jest wnęka środkowa, nieco zaś węższe są dwie boczne (ryc. 3). Konstrukcja tła odpowiada układowi figur, które zagęszczając się pośrodku, potrzebują w tym miejscu najszerszej przestrzeni. Na tle wspomnianych występów ustawiono tylko po jednej figurze. Niemniej ów układ wnękowy, organizujący przestrzeń potrzebną dla zespołu postaci, nie zwraca na pierwszy rzut oka uwagi: efekt tłumi tutaj swobodnie i naturalnie — na pozór — eksponowana grupa, nie mająca już nic wspólnego ze sztywną, izokefaliczną (tj. wstęgową) rytmiką przedstawień wcześniejszych. Szafa wznosi się na pewnego rodzaju podstawie, zwanej predellą, oraz posiada nasadę (szczyt) w formie wspomnianych ażurowych, baldachimowych konstrukcji, wzniesionych nad grupą *Koronacji Matki Boskiej* oraz nad flankującymi *Koronację* posągami aniołów i patronów Polski, śś. Wojciecha i Stanisława. Ta szczytowa część pentaptyku nie łączy się organicznie z masywem szafy i skrzydeł, lecz sprawia wrażenie po prostu postawionej na szafie. Ołtarz nie tworzy bowiem ani spiętrzonej, ani zawiłej, jakby ulatującej ku górze struktury, cechującej często tryptyki gotyckie schyłkowej fazy średniowiecza (np. cytowany ołtarz w Sankt Wolfgang), lecz pod względem konstrukcyjnym przedstawia spokojną i mocną całość, opartą na poziomach i pionach, respektującą zwłaszcza linie horyzontalne, co sugeruje domniemanie, że ta szeroka, architektonicznie skomponowana budowla, chociaż nawiązuje do tradycji, równocześnie czyni wrażenie refleksu „klasycznej" i na prawach geometrii opartej architektury Odrodzenia. Zdaje się to potwierdzać jeszcze ten szczegół, że wnękę szafy zamyka nie ostrołuk gotycki, lecz łuk pełny, typowy dla renesansu włoskiego. Wprawdzie łuk półkolisty był znany w gotyckiej sztuce Północy już w 1. połowie w. XV, lecz wówczas należał on raczej do spuścizny romanizmu, kiedy w ołtarzu Mariackim — i w związku z jego datą, i z kształtem jego masy, zdaje się być — jak wspomniano — darem Odrodzenia. Łuk ten został wpisany w górną część prostokątnego obramowania szafy, z którym łączy się organicznie. Wskutek tego obie połowy łuku i oba naroża prostokąta składają się na dwa trójkątne żagielki. Motyw ten próbowano wyprowadzić z Ulmu, z ołtarzy i projektów Hansa Multschera oraz Jörga Syrlina, jednakże we wspomnianych zabytkach, tj. w niszy ołtarza Karga dłuta Multschera i Syrlinowskim projekcie ołtarza kolegiaty ulmskiej, występuje spłaszczony i słabo widoczny łuk odcinkowy, podczas gdy w dziele Stwosza został rozpięty szeroki łuk pełny, chciałoby się powiedzieć — monumentalny — z trójkątnymi polami w narożach prostokąta, co wynika z geometrycznej prawidłowości, z wpisania półkola w prostokąt. Zasada ta funkcjonuje od starożytności (np. w łuku triumfalnym). W gotyku w przypadku łączenia ostrołuku z prostokątem zmodyfikowana, w okresie Renesansu osiągnęła swą pełnię, co zdaje się potwierdzać właśnie poliptyk Mariacki.

Współczesna nauka zarzucała ołtarzowi zamkniętemu, kiedy łuk szafy stawał się niewidoczny, monotonię spowodowaną istnieniem rozległej powierzchni podobnej do ściany. Można by się jednak tej ocenie przeciwstawić drogą stwierdzenia, że owa „ściana" uderza wzrok widza także swą monumentalnością, że jej tektoniczność i prostota mogą być skutkiem świadomego zamysłu. Mogło chodzić o aktywny estetycznie kontrast między spokojną całością a ruchliwością jej części, tj. pełnoplastycznej kompozycji szafy i reliefowych obrazów.

Geometrię wielkiego prostokąta zamkniętego ołtarza nadwerężył jednakże czas, ponieważ wieńczący ów prostokąt gzyms, złożony ze zwijanych liści, zachował się tylko pośrodku, nad samą szafą, wskutek czego boczne człony retabulum opadły nieco w stosunku do części centralnej. Przekreśliło to ciągłość górnej, poziomej linii wielkiego prostokąta, tym bardziej że uległ też zniszczeniu biegnący uprzednio nad gzymsem delikatny fryz maswerkowo-roślinny, który tworzy dyskretne przejście od głównej ciężkiej masy retabulum do ażurowego szczytu.

Zespolenie części szczytowej z szafą ołtarza występuje nieco wyraźniej w razie jej otwarcia, bo zachowanym ogniwem pośrednim między szafą a zwieńczeniem staje się — widoczna wówczas — bardzo plastyczna konstrukcja baldachimowa, zdobiąca wewnętrzną przestrzeń owej szafy. W ramach prostokąta ołtarzowego istnieją więc motywy będące jak gdyby uzasadnieniem czy zapowiedzią najwyższego piętra pentaptyku. Natomiast w razie zamknięcia szafy, kiedy, jak o tym była mowa, ołtarz zamienia się w ogromny, niemal surowy prostokąt, jego przeźroczysta i lekka nastawa wraz ze stojącymi u szczytu figurami traci wyraźnie na organicznej łączności z architekturą prostokąta. I w tym więc przypadku fakt ten wydaje się być wynikiem konfliktu między gotykiem a renesansem. Co prawda, szczyt ten został z czasem częściowo zniszczony i obniżony. Utracił bowiem ażurowe wieżyczki, które dawniej wydłużały zachowane do dzisiaj (choć naprawiane), złożone z filarków podstawy. Jednakże owe smukłe, spiczaste i przeźroczyste hełmy musiały jeszcze bardziej podkreślać kontrast między masywem szafy a lekką partią szczytową.

Efekt całości zależy w znacznym stopniu od sposobów traktowania bryły, którą kształtują trzy główne metody rzeźbiarskie, oscylujące w ramach pełnej plastyczności i prawie płytkiego reliefu. Pełnoplastyczne są figurki predelli, wielkie posągi i mniejsze figurki szafy ołtarzowej. Wprawdzie są z tyłu wydrążone i nie mają „pleców", lecz nie zmienia to postaci rzeczy, gdyż oglądać je można tylko od frontu. Tak samo przedstawia się sprawa z postaciami nasady szczytowej i różnymi drobnymi posążkami. Relief wypukły, powstały wskutek głębokiego „wybrania" tła, jest właściwością skrzydeł widocznych przy ołtarzu otwartym, kiedy to ujawniają one plastyczność i górnych maswerków, i umieszczonych pod nimi płaskorzeźb, skontrastowanych silnie z niebieską płaszczyzną teł. Chodziło bowiem o harmonijne dopełnienie pełnoplastycznych figur szafy. Relief dość płytki, choć również wyrazisty, określa jakby wyrównaną powierzchnię skrzydeł widocznych po zamknięciu szafy. Wówczas we wszystkich kwaterach — tworzących niejako zunifikowaną, stosunkowo jednolitą powierzchnię — dość płaskie maswerki roślinne współgrają z partiami figurowymi, przyczyniając się do wzmocnienia tektonicznej struktury wypełnionej kratami ołtarzowej ściany.

Skrzydła ołtarza składają się z drewnianych tablic, tworzących trwałe w rozumieniu materialnym i estetycznym tła, górą zawsze barwione błękitem, na które dopiero jakby aplikowano osobno wykonane reliefy, zajmujące dolną część kwater. Niektóre z płaskorzeźb składają się z dwóch części dostawionych do siebie: dwie kwatery zostały jeszcze ujęte w dodatkowe obramowania architektoniczne, dzielące je na dwa pionowe pola. O technologii może też być mowa w związku z figurami szafy środkowej, bo i one ze względu na swoje wymiary musiały być zbudowane mocno. Zostały wyrzezane w jednolitych na ogół kłodach, żeby uniknąć sztukowania, które trafia się wyjątkowo i dotyczy części nieistotnych. Co więcej, mistrz ołtarza, jeśli rozporządzał odpowiednim surowcem, starał się wyrzeźbić w jednym bloku drewna nawet po dwie figury. W ten sposób modelował figurę Matki Boskiej i podtrzymującego ją św. Jakuba apostoła w scenie głównej oraz postacie Chrystusa, Marii i dwóch aniołów u ich stóp w scenie *Wniebowzięcia*.

★ ★ ★

Ołtarz jest poświęcony patronce kościoła, N. Marii Pannie, co określa jego ikonografię i rozstrzyga o scenie głównej. Nasuwa się przypuszczenie, że twórcą ikonograficznego programu ołtarza był przyjaciel Stwosza, a późniejszy archiprezbiter kościoła, znany nam już Heydeke-Mirika. Z punktu widzenia wezwania świątyni sceną główną powinno być przedstawione w środkowej strefie szafy *Wniebowzięcie Marii*. Faktycznie — ośrodkiem retabulum stała się jednak scena *Zaśnięcia* patronki kościoła, nad którą dopiero zgodnie z następstwem czasowym wydarzeń dokonuje się akt Wniebowzięcia. Rolę poliptyku w tym ujęciu można porównać do funkcji dzieła literackiego, mianowicie do jednego z licznych hymnów maryjnych, tym więcej że w 2. połowie w. XV kult Matki Boskiej rozwijał się ze szczególną siłą. Warto przy tym pamiętać, że w średniowieczu dzieło sztuk plastycznych miało na celu zastąpienie dzieła pisanego i nauczanie zwłaszcza tych, którzy byli *illiterati* (niepiśmienni), wobec czego rozwijane na ścianach kościołów malarskie cykle biblijne lub hagiograficzne (ilustrujące legendy świętych), a także przedstawienia alegoryczne uczyły religii, objaśniały Stary i Nowy Testament, zwane w swych obrazowych wydaniach „biblią ubogich".

Układ scen objętych ołtarzem Mariackim przedstawia się w sposób następujący: jego najniższa część, predella (ryc. 4), przedstawia *Drzewo Jessego*, tj. wyjaśnia genealogię Chrystusa. Z leżącego ciała prarodzica wyrasta pień drzewa jak postać Ewy z boku śpiącego Adama. Drzewo to (zastąpione nowszym, dorobionym) ma obecnie kształt szeroko rozgałęzionego świecznika, a na jego poziomych, lecz giętkich gałęziach siedzą królewscy potomkowie Jessego i może prorocy w liczbie czternastu, gdyż tylu wybrał Stwosz z trzydziestu pokoleń Judy. Mogło zresztą być ich początkowo nieco więcej, lecz tylu się zachowało. Konserwacja lat sześćdziesiątych ubiegłego wieku rozmieściła te postacie symetrycznie w dwóch rzędach: w niższych siedzi sześciu przodków Jezusa, po trzech z prawej i lewej strony drzewa, w wyższych inne figurki, tj. po cztery z każdej strony. Znajdują się między nimi zapewne Dawid i Salomon jako posążki w koronach, których zresztą jest więcej (ryc. 31), wobec czego powinny tkwić bliżej Jessego, skoro Dawid był jednym z jego synów. Nie jest wykluczone, że w wyniku kilku renowacji nastąpiły przesunięcia posążków (ryc. 30, 32, 33). Istnieje hipoteza, że predellę wzorował Stwosz na grafice Ysrahela van Meckenem (ok. 1445—1500), co przypomniałoby łączność snycerza z Niderlandami. Opierając się na motywie *Drzewa Jessego* w grafice wymienionego artysty, wysunięto domniemanie, że Stwoszowskie *Drzewo* składało się pierwotnie z kolisto skręconych gałęzi, co miałoby też tłumaczyć dziwne, skurczone pozy zamkniętych w zbyt ciasnych pierścieniach postaci. Jednakże pozy potomków Jessego wyrytych przez niderlandzkiego złotnika i grafika zostały ujęte prościej: w ołtarzu zaś Stwosza dziwacznie poruszone figurki trafiają się nie tylko w predelli, lecz także w prostokątnych, dużych kwaterach ołtarza. Wreszcie motyw drzewa genealogicznego i jego gałęzi, popularny w sztuce, sam przez się sugerował podobne ujęcia formalne. Nie wszyscy zresztą godzą się na domniemany, drogą zestawień porównawczych sugerowany fakt analogii między rzeźbą Stwosza a rycinami Meckenema, wychodząc z założenia, że tak wybitny artysta jak Stwosz nie potrzebował wzorów. Nie można jednak wykluczyć użycia w pewnych przypadkach takiej metody twórczej, ponieważ prawa autorskie były w średniowieczu nieznane, wobec czego nawet wybitni artyści skracali sobie pracę drogą czerpania z rycin. Istniały wreszcie wspólne konwencje ikonograficzne w zakresie nawet typów postaciowych

(Boga Ojca, Chrystusa, Marii, św. Piotra, św. Jana Ewangelisty, Trzech Króli itd.), wobec czego łączenie w bezpośrednie związki różnych figur czy obrazów może grozić ryzykiem. Nie jest zresztą zbyt ważne ustalanie wzorów dla predelli czy innych części ołtarza, ponieważ sprawą istotną jest manifestacja własnego, subiektywnego pojmowania morfologicznych właściwości plastycznych. A właśnie w wypadku Stwosza oryginalność stylu rzeźbiarskiego nie budzi wątpliwości. Królowie predelli i inni członkowie rodu posiadają bardzo charakterystyczne, niepowtarzalne rysy twarzy i gesty, na ogół niepodobne do postaci van Meckenema. Stosowanie analizy porównawczej utrudnia zresztą znany fakt, że retabulum już w latach sześćdziesiątych w. XIX było tak zniszczone, iż z drzewa genealogicznego pozostał tylko kawałek pnia. Nie wiadomo więc, jak wyglądały jego pierwotne gałęzie, dorobione dopiero w drodze dowolnej rekonstrukcji.

Szafę środkową ołtarza wypełnia dołem scena *Zaśnięcia Matki Boskiej*, będąca rdzeniem retabulum i jego głównym przedstawieniem (ryc. 5). Nad nią, jeszcze w obrębie szafy, widać *Wniebowzięcie Matki Boskiej* w asyście dziesięciu aniołów (ryc. 6), wyżej zaś jako zwieńczenie szafy *Koronację Matki Boskiej*, dwie figury aniołów oraz postacie śś. Wojciecha i Stanisława (ryc. 7). Sceny *Zaśnięcia* i *Wniebowzięcia* ukazują się, rzecz jasna, przy otwarciu skrzydeł retabulum. Wówczas na wewnętrznej stronie tych skrzydeł, tj. widocznych po otwarciu szafy, podzielonych każde na trzy kwatery, widnieją płaskorzeźby w liczbie sześciu: 1. *Zwiastowanie* (ryc. 11), 2. *Boże Narodzenie* (ryc. 12), 3. *Hołd Magów (Trzech Króli)* (ryc. 13), 4. *Zmartwychwstanie* (ryc. 21), 5. *Wniebowstąpienie* (ryc. 24), 6. *Zesłanie Ducha Świętego* (ryc. 25). Sceny te, wybrane z żywota Marii i Chrystusa, uzupełniają ideowo środkową scenę *Zaśnięcia Matki Boskiej*, stosując się do niej pod względem stylistycznym. Łączą się także z ważniejszymi świętami roku kalendarzowego, gdyż ołtarz był otwierany tylko w dni świąteczne.

Również zewnętrzne strony skrzydeł ruchomych posiadają płaskorzeźbione pola, widoczne — jak się rzekło — po zamknięciu ołtarza*.

Wchodzą one wówczas w system pełniejszego cyklu *Żywota Marii i Chrystusa*, przedstawionego na skrzydłach nieruchomych. Po zamknięciu drzwi szafy wielki prostokąt ołtarza składa się z czterech pionowych skrzydeł, z których każde jest podzielone na trzy pola. Powstaje w ten sposób prawie regularna krata, utworzona z obramowań zamykających dwanaście scen cyklu. Cykl ten, jak w książce, rozpoczyna się na skrzydle lewym u góry, przy czym sceny następują po sobie w ten sposób, że z reguły biegną ku dołowi. System ten zmienia się tylko na skrzydle drugim (od lewej), ponieważ tutaj trzy kolejne sceny biegną od dołu do góry: na następnych dwóch powraca system

---

* Określenia: „zewnętrzne" i „wewnętrzne" strony skrzydeł nie zawsze są używane jednako. Jeśli przyjmie się, że retabulum ołtarzowe jest szafą z drzwiami (skrzydłami), to, jak w każdej zamykanej szafie, strony drzwi widoczne przy jej zamknięciu są zewnętrzne, a strony zwrócone ku wnętrzu szafy są wewnętrzne. Ukazują się więc dopiero po otwarciu drzwi. Niemniej zdarza się, że pojęcia „zewnętrzny — wewnętrzny" bywają używane wymiennie w odniesieniu do ołtarza otwartego.

skrzydła pierwszego, ponieważ ich sceny znowu biegną od góry ku dołowi: nie jest więc wykluczone, że zmiana porządku przedstawień dokonana w obrębie skrzydła drugiego może być wynikiem restauracji ołtarza przeprowadzonej około połowy w. XVII. Pola ołtarza zamkniętego przedstawiają następujące sceny: 1. *Spotkanie Joachima ze św. Anną* oraz *Modlitwę św. Joachima* (ryc. 8), 2. *Narodziny Marii* (ryc. 9), 3. *Ofiarowanie Marii* (ryc. 10), 4. *Ofiarowanie Jezusa w świątyni* (*Matka Boska podaje Dzieciątko arcykapłanowi Symeonowi*) (ryc. 14), 5. *Chrystus wśród uczonych* (ryc. 15), 6. *Pojmanie Chrystusa* (ryc. 16), 7. *Ukrzyżowanie* (ryc. 17), 8. *Opłakiwanie* (ryc. 18), 9. *Złożenie do grobu* (ryc. 19), 10. *Chrystus w otchłani* (ryc. 20), 11. *Trzy Marie u grobu* (ryc. 22), 12. *Chrystus ogrodnik* (ukazujący się po zmartwychwstaniu Marii Magdalenie) (ryc. 23).

Oprócz wielkich figur w pełnej rzeźbie i wymienionych płaskorzeźb uzupełniają ołtarz liczne maleńkie, z trudnością dostrzegalne, często bardzo kunsztownie wykonane figurki. Zdobią one predellę, a także półkoliście zakończone obramowanie, w którym ustawiono na wspornikach pod baldachimami dwunastu proroków (ryc. 42, 43, 50—53). Czterech innych umieszczono w przedłużeniu pionów obramowania, już nad łukiem szafy, także we wspomnianym łuku, oraz w górnej, poziomej części szafy. Układ ten sprawił, że posążki przybierały to normalną pozycję pionową, to ukośną, a nawet poziomą, jakby wzorując się na ostrołukowych portalach w. XIII i XIV, gdzie umieszczane w obwodowych żłobkach spełniały dwoiste zadanie: ornamentalno-zdobnicze — i ideowe. Ich sama egzystencja była bowiem bardziej istotna niż nienaturalne pozy spowodowane wygięciem górnej części portalu. Także spiętrzenie figur w kilku kondygnacjach poliptyku, obrazujące lot w kierunku nieba i łączące ziemię z niebem, przywodziło na pamięć fasady gotyckich katedr.

W żagielkach, tj. między narożnikami prostokątnej ramy a łukiem, umieszczono jeszcze dwie pary Ojców Kościoła, śś. Grzegorza i Hieronima (ryc. 66) oraz śś. Ambrożego i Augustyna. Dwie z lasek baldachimów nad sceną *Wniebowzięcia Matki Boskiej* podpierają wreszcie cztery drobne figurki pachołków i rycerzy.

Ołtarz wraz z płaskorzeźbami zawiera więc imponującą liczbę przedstawień figuralnych, bo z górą dwieście postaci. Wliczono jednak w tę cyfrę nawet rzeźby tak drobne, jak w scenie *Ofiarowania Marii* figurki Dzieciątka z dwoma aniołkami na mensie, niewiniątek płonących w czyśćcu — pod stopniami tej mensy — oraz miniaturową postać pasterza wśród pejzażu, przedstawionego na niewysokiej górze pośrodku sceny *Bożego Narodzenia*.

* * *

Inne wrażenie sprawia ołtarz zamknięty, inne zaś otwarty. Ołtarz zamknięty składa się z jednolitych na ogół pól czworobocznych, które działają z daleka jak zamknięty w prostokącie zespół kolorowych obrazów, co łączy dzieło Stwosza także z tradycyjnym malarstwem cechowym. Znamy bowiem w malarstwie również 1. połowy w. XV poliptyki, które po zamknięciu tworzą system kilku nad sobą umieszczonych stref obrazowych. Porządek ten godzi się także z wieloma malowidłami ściennymi, gdyż i one stosują tę samą zasadę podłużnych stref przedstawieniowych, wznoszących się jedne nad drugimi, przy czym pasma te bywają pokrajane z kolei na pola podobnych wymiarów.

Patrząc z daleka na ołtarz Mariacki, nie można się, rzecz jasna, zorientować w treści jego poszczególnych przedstawień pomimo znacznych wymiarów prostokątnych kwater (2,67 · 2,25), tym bardziej że kwatery te składają się z wielu nieraz postaci oraz z różnorodnych motywów pejzażowych i architektonicznych. Jednakże już z daleka grają owe płaszczyznowo traktowane pola mocnymi akordami kolorów. Te zespoły barwne zostały ujęte w sztywną strukturę ram i regularnych, rytmicznych podziałów, dzięki czemu poszczególne tablice, nieuchwytne jeszcze w detalach, działają jednak dekoracyjnie, a całość przyczynia się do wzmocnienia efektu chóru i podkreśla kompozycyjną zasadę wznoszących się nad ołtarzem okien witrażowych, również złożonych z regularnych pól, tylko bez porównania drobniejszych. Także stosowane w kwaterach skrzydeł ołtarzowych złoto, lśniące pośród jego barw najsilniejszym blaskiem, łączy wzrokowo ołtarz z przejrzystymi, przeważnie złotobursztynowymi szybkami witraży, wzmacniając zarazem wymowę dzieła snycerskiego. Drogocenne, dywanowe strefy szyb znajdują w ten sposób wspaniały i harmonijny odpowiednik w ołtarzu. Polichromia jego słabo wypukłych płaskorzeźb zewnętrznych gra w nich rolę tak znaczną, że należy je uznać tak za dzieła rzeźby, jak malarstwa, tym bardziej że wchodzą jeszcze w grę malowane w tłach krajobrazy, wnętrza i widoki architektury oglądanej z zewnątrz. W ten sposób ołtarz w swej części płaskorzeźbionej przynależy do dwóch rodzajów sztuki przedstawiającej — i właściwie powinien być uwzględniany i w zarysach historii rzeźby, i malarstwa. Dodać jeszcze by można, że Stwosz rozpoczynał pracę od szkicu, od rysunku dzieła, bo — jak zanotował w r. 1547 Jan Neudörfer, „ów Veit Stoss był nie tylko rzeźbiarzem, lecz znał się na rysunku, miedziorytnictwie i malarstwie". Zachowało się zresztą trochę i miedziorytów, i rysunków artysty o charakterystycznych dla niego właściwościach stylistycznych, a przy tym na ogół sygnowanych. Szczególnie znamienny jest wspomniany już piórkowy rysunek z r. 1505 w berlińskim Gabinecie Rycin, z przedstawieniem *Ofiarowania Chrystusa w świątyni*, oraz rysunek ołtarza bamberskiego.

Wrażenie całości ołtarza zmienia się radykalnie po otwarciu szafy. Wówczas bowiem dochodzą do głosu przede wszystkim wartości plastyczno-rzeźbiarskie, a oczy widza przykuwa z rozmachem wykonana, zakrojona na ogromną skalę kompozycja *Zaśnięcia Matki Boskiej*, pomimo swej ruchliwej formy zupełnie przejrzysta. Jej wagę w obrębie całości podkreśla jeszcze obfite, wprost rozrzutne stosowanie złota, które góruje tu stanowczo nad resztą polichromii. Złoto, dzisiaj spatynowane i szlachetne w tonie, zresztą odnawiane, powtarza się też w górnej kompozycji *Wniebowzięcia*, w figurach szczytowych i przeźroczystych baldachimach. Ciepły ton tego złota odbija przy tym wyraźnie od chłodnego, błękitnego tła szafy. Z punktu widzenia kompozycji łatwo się zorientować, że w środkowej części ołtarza chodziło o świadome stopniowanie efektów wzdłuż osi pionowej, o coraz lżejsze masy rzeźbiarskie, które dostosowują się zatem także do prawideł statyki.

Zgodnie z plastyką potężnych, trójwymiarowych (przynajmniej wzrokowo) posągów szafy również płaskorzeźby jej otwartych skrzydeł zostały potraktowane bardziej wypukło od innych. Toteż są one mniej podobne do barwnych obrazów, a bardziej do pełnej rzeźby. Także obfite w tym wypadku użycie złota harmonizuje ze złotym rdzeniem ołtarza, tak jak błękit ich z błękitem tylnej ściany szafy. Te jednolicie niebieskie i płaskie tła wieńczą dekoracyjne maswerkowe ażury, których wzajemnie przeplatane łuki i rytmicznie a gęsto powtarzane pionowe fiale (np. ryc. 11) nawiązują do wewnętrznego baldachimu szafy.

Bardziej spłaszczone złote zwieńczenia tablic na skrzydłach zamkniętych odznaczają się większą rozmaitością. Cechuje je zmienność w ramach jednolitej zasady plastycznej. Składają się bowiem zawsze z cienkich, elastycznych, obsypanych listkami gałązek, splatanych w łuki, koła i pętle (ryc. 10 i nast.).

Ołtarz, otwarty w święta, przedstawia się

bez porównania okazalej niż ołtarz zamknięty i przywodzi na pamięć fakt, że dwa różne wyglądy retabulum wyznaczały różnicę między dniem powszednim a świątecznym.

★ ★ ★

Retabulum, tj. główna część poliptyku, spoczywa na predelli, która, słabo uwypuklona plastycznie, jest symbolem rodowodu Jezusa — i czasu: w stosunku do wydarzeń przedstawionych w retabulum odwołuje się do ich prehistorii (ryc. 4). Określa więc początek dziejów rodu. Konsekwencją tego pochodu pokoleń były narodziny Jezusa i jego żywot, opowiedziany w górnej części ołtarza.

Swoją monumentalność zawdzięcza ten ołtarz przede wszystkim scenie głównej, przedstawiającej *Zaśnięcie Matki Boskiej*, czyli chwilę jej śmierci (ryc. 5). Pod względem ikonograficznym scena ta nawiązuje do wzorów znanych na obszarze Czech, Śląska, Małopolski i wschodniej części Niemiec, a różni się zasadniczo od wzorów niderlandzkich, zawierających realnie ujęty motyw śmierci Matki Boskiej umierającej w łożu. Poetycki i sakralny typ sceny z przedstawieniem Madonny umierającej w pozie klęczącej, z modlitewnie złożonymi rękami (ryc. 26, 68), osiąga w ołtarzu krakowskim największą chyba siłę wyrazu. Na początku w. XV idealizm tej sceny zderzał się z realizmem, bo za klęczącą Matką Boską widać było jeszcze łoże, które znika w kompozycji Stwosza.

Wyrazy „idealizm-realizm" odnoszą się

zresztą do całego ołtarza, bo aczkolwiek dążenie do oddania prawdziwego życia, ujętego w swoistą syntezę, przeważa tu w sposób stanowczy, to jednak dzieło to jako wypadkową średniowiecznej myśli i nowej atmosfery społeczno-ideowej środowiska mieszczańskiego wypadnie uznać za wytwór skrzyżowania idealizmu z realizmem. Zderzenie się w tym dziele sprzecznych z sobą stylów myślenia, na ogół biorąc, nie zmąciło właściwej mu harmonii, tym bardziej porządku i ładu, a spotęgowało jego ekspresję. „Zamknięta" kompozycja *Zaśnięcia* opiera się na tradycyjnych prawach absolutnej niemal symetrii i rygorystycznego układu, z drobnymi tylko odchyleniami od głównej zasady porządkowej. Zasadą tą jest pięcioosiowy układ postaci z niewielkimi interwałami, wypełnionymi przez figury drugoplanowe. Oś środkową wyznaczają trzy spiętrzone nad sobą osoby, mianowicie klęcząca postać Matki Boskiej, podtrzymujący ją długobrody św. Jakub (ryc. 27) i tzw. św. Maciej z załamanymi rękoma (ryc. 38), umieszczony najwyżej. Po obu stronach grupy środkowej stoją św. Piotr z księgą w ręku (a uprzednio zapewne także z zaginioną gromnicą) (ryc. 28, 35) oraz św. Jan Ewangelista (ryc. 29, 36), których wielkie, okazałe figury o mocno scharakteryzowanych obliczach wytyczają jasno boczne osie układu. Osie czwartą i piątą wyznaczają wreszcie dwaj apostołowie umieszczeni w bocznych partiach wnęki i zwróceni twarzami ku centrum kompozycji: między ramionami trzech środkowych apostołów widać dwie nisko wciśnięte i zwrócone ku Matce Boskiej głowy ich sąsiadów. Dalsze luki wypełniają symetrycznie dwaj wywyższeni ponad całą grupę apostołowie z twarzami zwróconymi ku postaciom *Wniebowzięcia*. W kątach szafy znajdują się jeszcze dwie głowy. Układ ten można sprowadzić do wspólnego mianownika troistości, nie pozbawionej, jak wiemy, symbolicznego znaczenia.

W ten sposób przedstawiają się pionowe składniki symetrii, obok których wprowadzono jej elementy poziome w liczbie czterech. Najniżej znalazła się głowa klęczącej Marii, nieco wyżej dwie głowy flankujące postać apostoła środkowego, trzeci poziom wyznaczają głowy pierwszoplanowych apostołów, a czwarty trzy głowy: św. Macieja (?) i jego dwóch towarzyszy o wydłużonych proporcjach.

W opisanej kompozycji można jeszcze odczytać bardzo już wątłe ślady dawnej izokefalii, która polegała na rytmicznym ustawieniu obok siebie postaci jednakiej wysokości. Mimo swej symetrii scena *Zaśnięcia* nie posiada bowiem nic ze sztywnego, jednostrefowego i ornamentalnego szeregu jak gdyby wyodrębnionych i izolowanych od siebie postaci. Wiele figur widać bowiem fragmentarycznie, i to w pozach nieraz tak naturalnych, że zacierają wrażenie świadomego wyreżyserowania sceny. Dwuplanowy w zasadzie układ postaci prowadzi do pewnych konsekwencji technicznych, gdyż figury drugoplanowe zostały wykonane tylko częściowo jako torsy z głowami lub same tylko głowy z zarysem ramion, lecz w ten sposób utwierdzone na czopach, że widz nie zdaje sobie sprawy z ich cząstkowości i ani przez chwilę nie przypuszcza, że ma przed sobą figury niepełne. Ponieważ wyrzeźbione postacie można oglądać tylko od frontu, zostały od strony pleców wydrążone zgodnie z dawną praktyką snycerską. Chodziło o zmniejszenie ich ciężaru. Jedna nawet z głów, a mianowicie prawostronnego apostoła, wywyższonego w stosunku do innych, została wykonana tylko w połowie, tj. od strony widocznej, podczas gdy jej reszta ociosana zaledwie z grubsza.

Układ figur posiada więc charakter umowny, obmyślony, nie mający nic wspólnego z przypadkiem, co uwydatniono jeszcze ustawieniem ich w płytkiej i neutralnej przestrzeni szafy, która nie imituje ani wnętrza architektonicznego, ani tym bardziej pejzażu, poprzestaje zaś na strukturze wnękowej (ryc. 5). Płaskie tło wnęki wydaje się zatem odległym echem kamiennych katedr, których mury rozprzestrzeniały się za plecami zdobiących je posągów. Dramat przedstawiony w ołtarzu odbywa się więc jak gdyby na pierwszym planie podwyższonej sceny, na skutek czego postacie rezygnują wprawdzie z wierności sytuacyjnej, ale zyskują w zamian na prosceniowej wyrazistości. Widowiskowy charakter sceny podkreślają też pozy i ruchy figur w gruncie rzeczy dość słabo uzasadnione naczelnym motywem dramatycznym, gdyż apostołowie zwracają się często nie ku umierającej Matce Boskiej lub scenie *Wniebowzięcia*, lecz ku widzowi, przed którym odgrywają swoje misterium plastyczne. W związku z tym w dziele Stwosza trwa jeszcze stara reguła frontalności, chociaż wiele figur ją przełamuje. Zasadę tę niweczy przede wszystkim centralna postać słaniającej się Matki Boskiej, przedstawiona nie *en face*, jak inne figury główne, lecz w profilu, co umożliwiło jaśniejsze przedstawienie jej łamliwego ruchu, opadającej głowy i w ogóle całej umierającej na klęczkach, pełnej liryzmu postaci. Figura ta jest owocem subiektywnej inwencji autora, lecz i pewnego kanonu urody, ustalonego znacznie wcześniej. Chociaż umierająca jest matką dorosłego syna, zachowała kształt i rysy dziewczęce. Na szczegóły wydłużonej, łagodnymi krzywiznami zarysowanej, a rozpuszczonymi włosami okolonej twarzy składają się: wydatne i wypukłe czoło, zgrabny, z lekka zadarty nos, wysoka warga górna, drobne usta i cieniutkie, wysoko nad oczyma o ciężkich powiekach nakreślone brwi. Dziewczęca Matka Boska z kilkoma wzniesionymi nad nią figurami tworzy, jak wspomniano, środkową oś kompozycji, której cechą jest „wielkość" w dwojakim znaczeniu słowa, w sensie dosłownym, odnoszącym się do wymiarów przedstawionych osób, oraz w rozumieniu artystycznym, w związku z siłą wyrazu wielofigurowej rzeźby. Scenę tę, która mimo swojej uczuciowej i estetycznej prawdy zachowała coś ze średniowiecznego teatru, cechuje monumentalność, skojarzona z dramatyczną ekspresją. Wyrazistość tę podkreślają wyzłacane, wspaniałe, wibrujące i „żywe" draperie, charakterystyczne dla późnej fazy stylu łamanego.

Draperie te swą wielką masą narzucają się w pierwszej chwili uwadze widza może nawet bardziej niż ruchy i gesty przedstawionych osób, które to ruchy już z racji konieczności wpisania ich w blok drzewny musiały być ograniczone. Toteż o gatunku powierzchni rzeźbiarskiej tego ołtarzowego zespołu rozstrzyga niemal gra niesłychanie zróżnicowanych, ciężkich, trudnych do udźwignięcia tkanin, tworzących formy bardzo bogate i mimo stylistycznego podobieństwa wzajemnego wciąż inne (ryc. 75 itd.). Wchodzi tu w grę energiczne i bezwzględne wyginanie formy, podobnej do gałęzi, w które zmieniają się fałdy, na ogół cienkie i kruche, tworzące istną plątaninę i swobodnie wiązaną, a silnie unerwioną sieć wypukłości, biegnących wzdłuż głównych, często jednak przerywanych kierunków. Wytwarzają się czasem pionowe wyżłobienia czy równoległe pręgi, jak w figurze apostoła Jakuba (ryc. 27) podtrzymującego Marię, częściej zaś formy owalne i bujne, choć wypełnione ruchliwą gmatwaniną załomów. Czasami fałdy te spływają ku dołowi elastyczną linią (św. Jan i ryc. 29), a wyjątkowo tylko tworzą się w okolicy ramion nieco większe i gładsze płaszczyzny. Wszystko w tych szatach drga i faluje, przechodzi z jednej formy w drugą, zmienia się w piony, zygzaki, trójkąty i łuki, wzbogacone np. postaciami lecących tuż nad dolną grupą apostolską aniołów opatrzonych w skłębione burzliwe zwoje (ryc. 76). W wyniku tego bogactwa form draperie zdają się pulsować jakimś osobliwym, pełnym niepokoju życiem. Na ogół bowiem tkaniny te nie zawsze zharmonizowane są z anatomią i ruchami figur: istotny jest przeważnie ich kształt własny. Dowodzą też znakomitej snycerskiej techniki mistrza, który podcina i drąży drewno bardzo głęboko oraz modeluje cienkie i ostre brzegi tkaniny, wyginając je jak podatną blachę.

Stylistyczna anatomia tych tkanin jest jednak połowiczna, można ją rozumieć także jako wyraz widzenia realistycznego. W porównaniu z czysto umownym i schematycznym kanonem międzynarodowego stylu miękkiego, który w Polsce panował do połowy w. XV (obok zaczątków nowej maniery), szaty fałdowane przez Stwosza dowodzą olbrzymiego postępu w wyniku obserwacji i naporu realizmu właściwego sztuce późnego gotyku. Tkaniny dawnego stylu układały się na ogół wciąż w jednaki sposób, mianowicie w festonowo wklęsłe łuki wzdłuż głównej osi figury, ujęte po bokach w sypkie, stożkowate kaskady. W porównaniu z nimi szaty przedstawione w 2. połowie w. XV przez Stwosza wydają się bez porównania prawdziwsze, mniej schematyczne oraz silnie, nawet nadmiernie rozczłonkowane i zróżnicowane, zapewne nie bez wpływu sztuki Odrodzenia włoskiego, która, jak wiemy, od dawna oddziaływała na twórczość północną. We Włoszech jednak, opierając się na antyku, nauczono się dostosowywać logicznie elementy odzieży do budowy anatomicznej człowieka, kiedy na Północy draperie, bez porównania bardziej zgodne z rzeczywistymi niż dawniej, wciąż jednak przekształcały się w wartości jakby autonomiczne. Były przy tym mniej płynne i harmonijne niż w zlatynizowanych Włoszech, bardziej sztywne, kanciaste i łamane gwałtownie w duchu właściwej Północy skłonności do ekspresjonizmu. Ta autonomia miała jednak — rzecz oczywista — granice.

Sprawa anatomicznego poznania człowieka dotyczy także budowy i proporcji figur, ich głów i widocznych spod skłębień odzieży rąk i nóg. I znowu stwierdzić trzeba, że w okresie budowy ołtarza Mariackiego proporcje i ruchy figur stają się bliższe natury niż dawniej, niewątpliwie wskutek współpracy artystycznej Europy Północnej z Południową. Proporcje wielkich postaci apostołów są na ogół prawdziwe, czego nie przekreślają pewne świadome zresztą odchylenia od normy, w pewnych przypadkach np. zbyt silne wydłużenie postaci (na niektórych tablicach). Głowy zostały ukształtowane w sposób zupełnie poprawny: co więcej, ujawniają tak wysoki stopień poznania fizjonomiki ludzkiej, że dzieli je wprost przepaść od figuralnych kanonów okresu stylu miękkiego (np. ryc. 34— —46, 59, 63, 66, 78, 80, 82). Wchodzą tu w grę na ogół pełne wyrazu oblicza ludzi starych i zniszczonych życiem. Są poorane mnóstwem bruzd i zaklęśnięć, a zwiotczała skóra uwypukla nierzadko części kostne czaszki. Tak typowa dla mistrzów późnego gotyku skrupulatność w przedstawianiu człowieka skłania i Stwosza do studiowania niewidocznych z dala szczegółów ciała, do ostrego żłobienia regularnej i niemal przesadnej sieci zmarszczek i fałdów skóry, opadających od nosa ku ustom, oraz do modelowania czy . raczej gwałtownego rycia szczegółów w partii zapadniętych policzków. Wierność w stosunku do natury sprawia, że św. Piotra obdarza artysta tuż przy nosie brodawką (ryc. 35), której normalnie nikt nie jest w stanie dojrzeć, że szyję św. Jana i dolną część jego twarzy fałduje w poziome wyraźne zmarszczki (ryc. 36), że w głębokich oczodołach umieszcza nieco wypukłe gałki oczne, ujęte w opadające ku dołowi, starannie narysowane powieki, że rozwiera niektórym postaciom wargi i ukazuje ich zęby (ryc. 35, 42). Z wielką wrażliwością plastyczną określa też artysta kontur twarzy i czaszki, wyrazistych jak twardo odkuta bryła. Kształt każdej głowy jest wyszukany z niezwykłą starannością w dążeniu do indywidualizacji człowieka, z uwzględnieniem najbardziej subtelnych wgłębień i wypukłości, z nieomylną precyzją obserwacji, którą można by przyrównać do absolutnego słuchu. Szczególną uwagą darzy sploty włosów i zarostów, opracowywanych z wielką maestrią techniczną, tworzących rytmiczne, lecz wijące się swobodnie, ażurowe całości (np. ryc. 57, 77). Niemniej wyczuwa się wyraźnie, że celem tego ujęcia włosów (jakże innych od tego samego szczegółu w figurach stylu miękkiego) było zbliżenie się do natury i pokazanie delikatnej i specyficznej materii, jaką posiadają kędziory i zarost.

W przypadku kiedy artysta uwzględnia niedostępne widzowi szczegóły, nawiązuje do tradycji kościołów gotyckich, których motywy antropomorficzne były przeznaczone nie tylko dla ludzi: kiedy zaś dokonuje fizjonomicznej i psychologicznej analizy modela, docenia znaczenie indywidualnego człowieka.

Przedstawione w ołtarzu głowy ilustrują różnorodne, dobrze podpatrzone typy, prezentowane jednak przez indywidualne osoby, częścią pełne godności z powodu uczestnictwa w doniosłym akcie śmierci Matki Boskiej, częścią jednakże zupełnie powszednie i przeniesione na ołtarz jakby bezpośrednio z miejskiego życia. Do takich należy np. twarz w kapturze, wychylająca się spoza ramion sąsiadów tuż nad głową Marii, godna dobrze odżywionego opata, lub głowa apostoła z wydętymi policzkami, dmuchającego w kadzielnicę (z której zachowała się do dzisiaj tylko trójlistna stopa). Solenność przedstawienia nie odebrała też prawdy obliczom pierwszoplanowych apostołów, wśród których św. Piotr ukazuje wymowną, aż zdumiewającą stopniem swej prawdy twarz sędziwego, stroskanego rzemieślnika, a długobrody św. Jakub, podtrzymujący Matkę Boską, posiada oblicze o wyrazie raczej dobrotliwym, na chwilę tylko zmąconym przelotnym zapewne zmartwieniem (ryc. 27). Św. Jan znowu różni się znacznie od urodziwych młodzieńców przedstawianych tradycyjnie pod krzyżem. Tu wyobraża mocnego i zażywnego mężczyznę w średnim wieku, o pełnej, pomiętej i wielkiej, w dolnej części silnie sfałdowanej twarzy ze znacznym podkładem tłuszczowym, okolonej obfitą masą drobno wijących się włosów, podobnych nieco do peruki (ryc. 36). Śmiałym zabiegiem artysty, zmierzającym do spotęgowania ekspresji fizjonomicznej, było asymetryczne, widoczne np. u św. Piotra, rozmieszczenie oczu (ryc. 35), z których jedno opada skośnie ku dołowi, w niczym nie obniżając poczucia prawdy, a raczej ją uwypuklając.

W sposób równie wymowny, jak wspaniałe głowy apostołów, rzeźbił mistrz ich ręce i nogi. W dziedzinie tej wykazał znowu uderzającą ostrość widzenia i znajomość szczegółu: umiał indywidualizować kształt dłoni i palców, przysłoniętych czasem rękawicą. Upodobnił np. złożone do modlitwy i opadające bezsilnie dłonie Matki Boskiej do miękkich płatków więdnącego kwiatu, zróżnicował delikatnie wszystkie ich krzywizny i w rezultacie obdarzył je niekłamanym życiem, życiem już gasnącym. Przeciwieństwem tych kobiecych dłoni stały się w wielu przypadkach twarde od pracy, z wielkim realizmem odtworzone dłonie apostołów z rozmaicie rozstawionymi palcami, z siecią żył i umiejętnie zaznaczonych części kostnych. Do najbardziej może charakterystycznych należą dłonie prawostronnego apostoła z kadzielnicą, ustawione na jednej linii, jednoczące realizm czy nawet naturalizm przedstawienia z rytmiczną formą. W wyszukany i wymowny splot łączą się też ręce rozpaczającego apostoła u wierzchołka sceny środkowej, opracowane może najkunsztowniej ze wszystkich, o palcach splecionych z sobą i wymodelowanych z niezwykłą starannością, świadczącą o wirtuozostwie. Podobnie opracował artysta nogi postaci (np. w płaskorzeźbach skrzydeł), w omawianej zaś scenie scharakteryzowane z dokumentarną, okrutną wprost wiernością w odniesieniu do wspomnianego ostatniego w szeregu apostoła, trzymającego kadzielnicę. Widoczne lewe podudzie tej postaci ujawnia bowiem jaskrawo symptomy zmian starczych. Cienka i zwiędła skóra, obciągająca kości

i stawy kolana, chudość kończyny, iluzjonistycz-
nie odtworzona sieć żylaków i duża, nieco
płaska stopa wydają się wręcz anatomicznym
preparatem.

Trafia się jednak zgoła odmienny sposób
traktowania nóg, widoczny na niektórych tablicach skrzydeł, użyty w stosunku do postaci
negatywnych, np. żołdaków, ośmieszonych przez
Stwosza. Ich nogi kurczą się w przesadnym,
jakby żabim przysiadzie, przy tym są szeroko
rozstawione i niekiedy dołem skrzyżowane (ryc.
16). Taki zabieg dowodzi średniowiecznego poczucia komizmu i jest zapewne spadkiem po
potworkowatych istotach, umieszczanych w za-
kamarkach gotyckich katedr. Swoistego poczucia humoru dowodzi także typ niektórych
twarzy.

W opisanej centralnej kompozycji ołtarza
polichromia temperowa gra rolę drugorzędną.
Jak już wiemy, na plan pierwszy występuje tu
prawdziwe, płatkowe złoto na czerwonym pul-
mencie, które — spatynowane — uwydatnia
znamię nadrealnej wizji, mimo realizmu części,
i podkreśla drogocenność tworu, jakim stała się
opisana scena. Błyszczy więc złotem, a tylko
w niektórych przypadkach widać skrawki pod-
szewek złotych płaszczy, dość ciemne i raczej
kolorystycznie obojętne. Włosy postaci są malowane przeważnie farbą czarną lub brunatną.
Tu i ówdzie ich pasemka bywają malowane
bezpośrednio na czole. Karnacje twarzy, na
ogół zachowane dobrze, nakładane temperą na
tak cienkim podkładzie, że czasem przezierają
słoje drewna, oraz polerowane, podobne do

nieco zaróżowionej kości słoniowej, z lekkimi rumieńcami, akcentami czerwieni na powiekach i oczywiście na ustach — grają niewielką w sensie malarskim rolę. Jednolite i szlachetne w tonie, nie mają jednak znaczenia dla modelunku twarzy, określonego wyłącznie rzeźbiarskim formowaniem bryły. Rozumiana szerzej malarskość (bo nie sama polichromia) sceny głównej posiada jak gdyby charakter dwustopniowy jako funkcja kompozycji barwnej, a w wyższym stopniu samej rzeźby. Osoby sceny *Zaśnięcia* określa bowiem silny, malarski światłocień, będący wynikiem głębokich żłobień i wypukłości, dzięki czemu istotnym współczynnikiem rzeźby stają się wartości walorowe, jak w światłocieniowym malarstwie. Chociaż sama tektonika figur nie pokrywa się z pojęciem uogólnionej i statycznej formy, właściwej np. sztuce klasycznej, to jednak zachowuje swój monumentalny charakter. Wchodzi więc w grę pełne ekspresji skojarzenie niepokoju, światłocieniowych akordów, tradycyjnego liryzmu i epickiej narracji — z wielką, okazałą bryłą, nawet przepychem, który odpowiadał bogatemu mieszczaństwu, zyskującemu pod koniec wieków średnich wielkie znaczenie dla gospodarki kraju.

* * *

Przedstawione nad sceną *Zaśnięcia Wniebowzięcie Matki Boskiej* (ryc. 6), również skomponowane z zachowaniem prawa całkowitej symetrii, różni się wskutek działania realistycznych tendencji od dawnych ujęć ikonograficznych tym, że Chrystus nie trzyma już w ramionach maleńkiej postaci Marii (tj. jej duszy, która przed chwilą opuściła ciało), lecz dojrzałą kobietę o normalnym wzroście. Stoi ona po prostu obok swego syna, który podtrzymuje zaledwie połę jej płaszcza. Figury, ciasno zespolone z sobą i trochę sztywne, akcentują moment wznoszenia się wyłącznie poprzez silne skłębienie szat, które dołem przekształcają się w rodzaj sypkich tafli i opierają się na grzbietach dwóch aniołów, wyżej zaś zmieniają się w krągłe i niespokojne, małżowinowo poskręcane fałdy, targane jak gdyby podmuchem wichury. Spośród dziesięciu aniołów otaczających szerokim wieńcem tę grupę, a częściowo ukrytych za zbyt konkretnymi promieniami drewnianej mandorli, wyróżniają się cztery większe od innych figury skrajne, różnie reagujące na radosny moment wniebowzięcia. Lewy boczny anioł gra z zapałem na małych organkach (ryc. 48), sąsiedni wznosi dłoń gestem opiekuńczym, górny anioł z prawej strony gra na lutni (ryc. 47), a ostatni tuż przy ramach szafy, pochylając głowę ku apostołom, wskazuje im ruchem dłoni postacie Chrystusa i Marii. Między tą sceną a grupą dolną powstają w ten sposób nie tylko formalne, lecz i treściowe zawęźlenia, bo na gest tego anioła odpowiada stojący pod nim apostoł gwałtownym podniesieniem głowy. W tych skrzydlatych postaciach o wdzięcznych, młodzieńczych twarzach przychodzą bodaj najsilniej do głosu typowe dla Stwosza, niezmiernie bujne i rozwichrzone, skręcane jak podatna folia i trzepoczące się na wietrze, kręte, niemal w pętle zwijane draperie.

Przedstawienia szczytu ołtarza (ryc. 2, 3), słabo zresztą widoczne z dołu, posiadają najmniej ekspresji i są nacechowane hieratyczną sztywnością, co odnosi się zwłaszcza do pojedynczych posągów aniołów i śś. Wojciecha oraz Stanisława. Środkowa grupa *Koronacji Matki Boskiej* (ryc. 7) ujawnia pewne podobieństwo do sceny *Wniebowzięcia*, ponieważ obie były zapewne dziełem jednego z pomocników Stwosza, może uzupełnionym przez mistrza. Natomiast przy figurach bocznych zwieńczenia mistrz chyba w ogóle nie współpracował.

★ ★ ★

W inny na ogół świat wprowadzają widza płaskorzeźby skrzydeł, z natury rzeczy mniej monumentalne, traktowane bardziej drobiazgowo, owiane atmosferą pewnej intymności i powszedniego życia. Centralna partia retabulum tworzy część reprezentacyjną i uroczystą, w związku z tym nie pozbawioną patosu. Sceny na skrzydłach, widoczne przy ołtarzu zamkniętym, posiadają charakter bardziej narracyjny i epicki, bo opowiadając — oczywiście pośrednio — o ówczesnym życiu krakowskiego mieszczaństwa, zasługują w nawiązaniu do średniowiecznych sum teologicznych na nazwę *summa vitae* (sumy wiedzy o życiu), jaką dysponował gotycki, cechowy artysta. Oprócz idealizowanych nieco postaci świętych rozpoznajemy tu bowiem mnóstwo typów, których wygląd, fizjonomia i strój wzorują się na zwykłych ludziach, spotykanych na ulicy, w warsztacie, w ratuszu, w kramach, kościołach czy w siedzibach cechowych średniowiecznego miasta. Sceny na skrzydłach uzupełniają tu i ówdzie widoki budowli i wnętrz mieszkalnych oraz pejzaże, odtwarzane w części techniką rzeźbiarską, w części malarską.

Przedstawienia te odznaczają się znaczną różnorodnością kompozycji, którą można jednak sprowadzić do kilku schematów. Można wśród nich wyróżnić np. sceny wielopostaciowe, obejmujące większość kwater, oraz kilku- a nawet dwuosobowe, jak relief z przedstawieniem *Spotkania Joachima ze św. Anną* (ryc. 8), *Trzech Marii u grobu* (ryc. 22) i *Chrystusa ogrodnika* (ryc. 23). Można też wyróżnić wśród płaskorzeźb kompozycje symetryczne oparte na zasadzie trójkąta lub asymetryczne. Trafiają się układy dośrodkowe i zamknięte, skupiające figury wokół osi głównej, oraz odśrodkowe i otwarte, w przypadku bardziej swobodnego rozproszenia figur, co jest zgodne z normalną sytuacją życiową. Wreszcie wchodzą w grę układy połowiczne, np. o symetrii zatartej. W ten sposób także w zakresie kompozycji płaskorzeźb kreacjonizm krzyżuje się z prawdą sytuacyjną, świadoma idea konstrukcyjna z tendencją życiowej wierności. Typowym przykładem kompozycji symetrycznej i zarazem dośrodkowej jest np. scena *Chrystus wśród uczonych* (ryc. 15), zgrupowana wokół fantastycznego, dwupiętrowego baldachimu, tzw. bimy, lub wspaniała wizja Chrystusa na krzyżu, flankowanego po każdej stronie przez trzy postacie (ryc. 17). Podobny typ układu powtarzają sceny *Zmartwychwstania* (ryc. 21),

Wniebowstąpienia (ryc. 24) i *Zesłania Ducha Świętego* (ryc. 25). Układ asymetryczny ilustrują bodaj najlepiej reliefy ze *Złożeniem do grobu* (ryc. 19) i *Trzema Mariami* (ryc. 22). Swobodne rozproszenie postaci pojawia się w *Pojmaniu Chrystusa* (ryc. 16) oraz w *Hołdzie Trzech Króli* (ryc. 13). Symetria zatarta występuje np. w scenach *Narodzin Marii* (ryc. 9) i *Zwiastowania* (ryc. 11), pozbawionych wyraźniejszej osi środkowej. W stosunku do tych przedstawień scena *Bożego Narodzenia* (ryc. 12) ujawnia wyższy stopień symetrii, gdzieniegdzie jednak naruszonej, co przekreśla cechę idealistycznej (wymyślonej) scenerii. W związku ze sprawą układu płaskorzeźb można jeszcze mówić o równowadze mas, o rytmice, o liniach kierunkowych, o funkcji bogatych i wyrazistych draperii, które w znacznym stopniu przypominają tkaniny przedstawione w głównej scenie *Zaśnięcia Matki Boskiej.*

* * *

Sprawa ujęć przestrzennych przedstawia się rozmaicie, tak że może być mowa nawet o silnych kontrastach. W dużych zespołach pełnoplastycznych zwracają uwagę bryłowate figury umieszczane w neutralnej przestrzeni: na reliefowo opracowanych skrzydłach widać dość płasko wykonane postacie, umieszczane zazwyczaj na tle ,,prawdziwej" w założeniu (nie w praktyce twórczej) przestrzeni wnętrza czy krajobrazu. Figury te, podobnie jak w obrazach malowanych, cechuje nikły stopień trójwymiarowości, ograniczonej bowiem prawami techniki rzeźbiarskiej. Stąd postacie płaskorzeźb nie zawsze odrywają się dostatecznie od tła, żeby istnieć bardziej samodzielnym życiem i nigdy nie osiągają takiego stopnia perspektywicznej iluzji, jaką stworzył np. Ghiberti w swych drugich drzwiach baptysterium florenckiego, ukończonych tuż po połowie stulecia. Na reliefach Stwosza stale snują się pogłosy średniowiecznego myślenia, w związku z czym wchodzą niekiedy w grę jak gdyby znaki architektury i pejzażu, pomimo ich swoistego realizmu, pomimo wielkiego znawstwa szczegółów i wielkiej pilności w ich notowaniu. Wypadnie to nieco rozwinąć.

Średniowieczne kategorie poznania, a zatem także widzenia, decydowały o modelu świata, o jego porządku — i jego przestrzeni, która z czasem zaciera swe metafizyczne właściwości na rzecz typowej od w. XV obserwacji poznawanej powierzchni konkretnej, wymiernej i ograniczonej czy to kręgiem gór, czy murami miasta, a nawet tylko wnętrzami kościoła i domu. Poznanie natury prowadziło do dwóch sposobów jej wyrażania: albo poprzestawano na symbolach rzeczy, albo dążono do utrwalenia fizycznych wrażeń wzrokowych, tj. do przedstawiania autentycznych widoków. Malarstwo polskie 1. połowy w. XV, mniej więcej od lat 1430—40, wciąż jeszcze sprowadzało wielość natury do kilku znaków, jak jednostkowe skałki czy głazy, maleńkie drzewa, drobna i konwencjonalna architektura, które stanowiły *pars pro toto*.

W 2. połowie wieku posługiwano się wcale

już rozległym repertuarem (wciąż jednak powtarzanych) motywów, do których należały: doliny i góry, drogi i ścieżki, kamienie, drzewa, zamki i kościoły na górach, a nawet wydłużone sylwety miasteczek. Motywy te bywały czasem wciąż jeszcze w naiwny sposób pomniejszane, lecz niekiedy odsuwane wcale prawidłowo w głąb rozległej przestrzeni. W sposób zazwyczaj staranny malowano pasmo pierwszoplanowej, liściastej i kwietnej roślinności, studiowanej jak gdyby z „naukową" precyzją, podczas kiedy plany dalsze traktowano w sposób ogólnikowy, a więc perspektywicznie uzasadniony. Ich wydłużenie i schematyczność ujęcia skłaniają do użycia terminu „pejzaż panoramiczny". Między obserwowanym z bliska (tj. z perspektywy żabiej) pierwszoplanowym „dywanem" kwiatowym a odległym pejzażem, wypełniającym tablicę po wysoki zazwyczaj horyzont, odcięty od złotego, rzadziej błękitnego nieba, zachodziło coś w rodzaju antynomii: z jednej strony zielnikowa dokładność — z drugiej skonwencjonalizowana składanka elementów, pewnego rodzaju synteza motywów, uznanych przez sztukę cechową za najbardziej typowe dla średniowiecznego pejzażu. Dopiero w 3. fazie, tj. w początkach w. XVI, pojawiły się krajobrazy o realnych w stosunku do człowieka proporcjach, przeważnie leśne tła i wnętrza lasów, pełne dużych już drzew, szczególnie szpilkowych, przerastających swymi wymiarami partie figuralne. Jednakże ten rodzaj krajobrazu rozpowszechnił się — pod wpływem sztuki naddunajskiej — dopiero po wyjeździe Stwosza z Krakowa, wobec czego nie może stać się przedmiotem niniejszych rozważań, tym bardziej że pozostał czymś obcym krakowsko-norymberskiemu artyście.

Krajobrazowe partie kwater ołtarza Stwoszowskiego należą, jak się jeszcze okaże, do środkowej fazy omówionego krakowskiego malarstwa pejzażowego, z tym że spotykają się w nich reminiscencje widzenia symbolicznego z przewagą jednak widzenia naturalnego. Do ujęć zachowawczych należą różne motywy: np. płasko malowany dąb burgundzki (w scenie *Spotkania Joachima z Anną*), dąb o zredukowanej ilości liści, za to powiększonych i wyraźnych, albo z rzadka rozrzucone kuliste drzewka, które mają tylko oznaczać, a nie imitować lasem pokryte góry. Także zbyt ściśnięte w swych murach miasteczko waha się między obrazem prawdziwego grodu a jego podobnym do zabawki symbolem. Do bardziej rozwiniętych nowatorskich ujęć trzeba zaliczyć resztę krajobrazów, zawierających wszystkie niemal składniki opisowego malarstwa 2. połowy w. XV. Bardziej szczegółową ich analizę przeprowadzi się w końcowej części rozdziału.

Przestrzeń wewnętrzną (mieszkania, synagogi, stajenki) buduje artysta przy pomocy albo dość niepewnie użytej perspektywy zbieżnej przy uwzględnieniu wysokiego punktu oka, albo — rzadziej — perspektywy odwróconej. Często miesza różne ujęcia perspektywiczne, przy czym niektóre szczegóły obserwuje „z lotu ptaka". Ustawia np. jedne nad drugimi (z pominięciem perspektywicznych zwężeń) kwadratowe tafle posadzki, jak gdyby w nawiązaniu do malarstwa krakowskiego 1. połowy wieku. W tym wczesnym malarstwie ukazywano płyty gładkie, pozbawione wzorów, albo tafle z czterolistną rozetką. Stwosz natomiast, może w nawiązaniu do miejscowej świetnej produkcji kaflarskiej, pokazuje wielobarwne płytki, zdobione najczęściej giętko skręcaną wicią. Takie pomieszanie perspektyw, zapewne świadome, może być świadectwem nie tyle braku wiedzy o realnej przestrzeni, ile pewnego wyrafinowania, dążenia do ozdobności.

★ ★ ★

Co do rzeźbiarskiej powierzchni skrzydeł przeważa tu zasada, że silnie zróżnicowane, zwłaszcza w partiach postaciowych, strefy, podobne do mapy plastycznej górskiego terenu, wznoszą swoje wypukłości i krawędzie ponad gładsze i dość miękko modulowane tła architektoniczne, skaliste i w ogóle krajobrazowe (np. ryc. 19). Nerwowy i zawiły, elastyczny, to znowu sztywnie łamany i drobiazgowy rysunek określa przede wszystkim tkaniny, które posiadają dla całości płaskorzeźb podobne znaczenie jak w rzeźbach szafy. Niekiedy nawet ujawniają większą jeszcze bujność i silniejszą niż tam wibrację, gdyż technika reliefu ułatwia swobodne kształtowanie, ograniczone w rzeźbie pełnej choćby trudnościami natury technicznej. Dzięki temu spotykamy na skrzydłach tak rozrzutne draperie, że tworzą niemal samodzielne byty. Powstają ich spiętrzenia, wyłaniają się z nich skomplikowane akordy linij, długich i krótkich łuków, zygzaków, trójkątów, esowatych pętli i pomiętych gorączkowo zwojów (np. ryc. 8 i 9).

Fantastyczną ozdobność tych szat potęguje jeszcze użyty w nich złotogłów, którego iluzję stworzono przez kombinację srebra, złota, czerwieni lub zieleni oraz swoiste grawerowanie powierzchni. Jej cieniutkie rowki powstały na skutek pracy grzebienia ryjącego w kredowym gruncie, zawsze starannego, choć swobodnego, jak gdyby graficznego rytowania na pół wyschniętej powierzchni podkładów. Tego rodzaju delikatne żłobienia uderzają wzrok także w wielu twarzach męskich. Ich regularne łuki zostały przy tym wyryte nie zawsze w gruncie, bo i w samym drewnie, przysłoniętym wyjątkowo cienką warstewką gruntu, który dzięki temu mocno związał się z drewnem. Nawet żyły, np. na ciele Chrystusa, bywają rzeźbione wypukło i wzmocnione kolorem, to znowu nakreślone samą tylko farbą.

Sąsiadujące z tkaninami inne formy przedmiotowe, jak ściany budynków, podłogi, sprzęty itp. wprowadzają w gmatwaninę tkanin nutę pewnego ładu i spokoju. Pomimo to oko gubi się niekiedy w gęstej siatce cieni i świateł, na które różnicują się pola skrzydeł i umieszczone w nich przedmioty. Odzyskują jednak potrzebną wyrazistość dzięki nasyceniu ich kolorem.

★ ★ ★

Intensywnie na ogół barwione płaskorzeźby tworzą jakby reliefowe obrazy. Dzięki temu, że poszczególne postacie i inne przedmioty odcinają się swym zdecydowanym kolorem od innych partii płaskorzeźb, ich widoczność staje się większa. Sploty fałdów draperii już nie mieszają się wzajemnie, ponieważ odgranicza je od siebie wyrazisty kolor. Jak była o tym mowa w rozdziałach poprzednich, barwy nie są tu dodatkiem do rzeźby, lecz posiadają prawie równe z nią znaczenie. W statystyce użytych barw pierwsze miejsce przypada błękitom, drugie czerwieniom, następne zieleniom, czerwonawym brązom, np. w partii skał, różnym szarościom i czerniom oraz barwie jasnożółtej, w wielu przypadkach prawie cytrynowej, oraz bieli, szczególnie w zawojach. Mimo to w praktyce odbioru wybijają się nad błękit czerwienie dzięki swej sile. Te zasadnicze kolory grają pełnią swych brzmień głównie na draperiach postaci, wskrzeszających barwność średniowiecznego tłumu. Kolory te przybierają jeszcze różnorodne odcienie, np. w zakresie czerwieni, której skala waha się od jasnego cynobru do wiśniowych laków, lub w zakresie zieleni, oscylujących między seledynem a ciemnym soczystym pigmentem. Wśród żywych, nieraz prawie czystych barw pełnią rolę jak gdyby tłumika czarne i sinoszare plamy, które z rzadka wypełniają opończe przedstawionych ludzi.

Tłem wreszcie, raczej spokojnym w tonie, bywają brunatnoczerwone skały, czerwonawe również mury z przewagą złamanych różów i jasnozielone pejzaże. Obok gamy nasyconej trafia się w ołtarzu, co prawda wyjątkowa, bardzo szlachetna minorowa tonacja barwna, której przykładu dostarcza scena z *Chrystusem w otchłani*, oparta na barwach dopełniających: różowej i zielonej. Zwłaszcza różnorodne zielenie określające diabły przedstawione w tej scenie i ich czerwone uzupełnienia składają się na bardzo wyszukane całości. Barwność tę podnosi jeszcze obfite użycie prawdziwego, płatkowego złota lub srebra, laserowanego na ton złoty, szczególnie na wewnętrznych drzwiach szafy (widocznych po jej otwarciu). Niekiedy, jak w scenie *Zmartwychwstania*, złoto i srebro nabierają dzięki laserunkom najrozmaitszych odcieni, wskutek czego np. wspomniana płaskorzeźba załamuje światło silniej od kwater barwionych samą temperą, a zarazem mieni się istnymi kolorami tęczy. Grunt kredowy, przygotowany pod temperę, jest niezwykle cienki. Na podmalówki barwne nakłada się z reguły przezroczyste laserunki, które pogłębiają zasadniczy kolor, upodabniając go do twardego, szlachetnego szkliwa. Jasna karnacja twarzy, zwłaszcza kobiecych, ale i ciała Chrystusa, oraz ciemniejsza na ogół innych postaci męskich bywa natłuszczona i polerowana, i w związku z tym wabi oko trwałą, prawie dźwięczną, jakby emaliowaną powierzchnią.

W płaskorzeźbach zwraca jeszcze uwagę różnorodność tonacji barwnych, zawsze harmonijnych pomimo ich mocy. Nawet gorące czerwienie i chłodne cytrynowe plamy, chociaż ostro wyodrębniają się z całości, nie tracą z nią swych harmonijnych związków. Wzajemne opozycje kolorów i ich połączenia uwydatniają spokojne na ogół tła, jasnozielone w partiach pejzażo-

wych, a szarawoczerwone, więc odpowiednio
stłumione, w partiach architektonicznych. Wolno więc stwierdzić, że dokonane przez Stwosza
i jego zapewne pomocnika Łukasza z Wrocławia połączenie rzeźby z malarstwem w ramach
tych samych kwater spotęgowało ekspresję dzieła i wzmocniło intensywność przeżywania jego
ideowych i estetycznych jakości.

★ ★ ★

Oprócz dużych posągów w środkowej części ołtarza i sporych płaskorzeźb — na trzecią
kategorię przedstawień postaciowych w ołtarzu
składają się 34 drobne figurki, rozmieszczone
w predelli, w oprawie i wewnętrznym balda-
chimie szafy. W wymienionej uprzednio predelli figurki te łączą się w symboliczną całość
Drzewa Jessego, protoplasty rodu Jezusa (ryc. 4).
Sam Jesse leży z głową podpartą na ręku. I on,
i jego potomkowie współgrają pod względem
stylistycznym z resztą wspomnianych figurek.
Wśród tych posążków, choć tak drobnych, że
na ogół niedostrzegalnych, pojawia się mnóstwo
innych dobitnie scharakteryzowanych, z których każdy jest odmienny i zastanawiająco prawdziwy, nawet wówczas, kiedy został potraktowany „satyrycznie". Szczególnie pozy tych postaci odznaczają się zmiennością podpatrzo-
ną w życiu (ryc. 30—33). Torsy skręcone, głowy
przechylone lub podniesione ku górze, ramiona,
szczególnie nogi, tak silnie poruszone, że skło-
niły jednego z uczonych do zestawienia krakowskich figurek z popularnymi tancerzami

hiszpańskiej moriski dłuta Erazma Grassera w starym ratuszu monachijskim.

Niektóre z posążków Stwosza, istotnie ujęte jak gdyby w pląsach, z kończynami zgiętymi w przysiadach w sposób możliwy chyba tylko dla jarmarcznego igrca, wyprzedzają „barokową" zasadę układu. I jeszcze — kiedy Grasser tłumaczy przesadę ruchów swych postaci tańcem, Stwosz nawiązywał do starodawnej, gotyckiej tradycji kreowania swoistych figur i figurek, udowadniając, że cechowało go sporo (mimo właściwego mu „nowoczesnego" wówczas mimetyzmu) rysów średniowiecznego człowieka obdarzonego szczególnym poczuciem humoru.

Oprócz wyraziście ruchliwych posążków (ryc. 52) spotyka się w obramowaniu szafy także osobników spokojnych, nawet uroczystych, których wygląd bywa zgodny z wyobrażeniem postaci proroka (ryc. 53). Znakomity w ruchu i geście jest np. rezonujący przy pomocy ruchów głowy i rąk brodaty Żyd w turbanie, szybko kroczący przed siebie (ryc. 51). Powagą i posągowością, która przywodzi na myśl proroków Clausa Slutera, zdobiących tzw. studnię Mojżesza w Dijon, zwraca uwagę prorok stojący po lewej stronie tuż nad łukiem arkady (ryc. 50). W predelli przyciągają wzrok: król z długimi, rytowanymi podłużnie włosami (ryc. 31), inny typ bezwąsy, melancholijnie podpierający się ręką (ryc. 52), a także siedzący brodacz w turbanie (ryc. 30). Dostrzega się tu także „sarmackich" wąsaczy (ryc. 33), znanych już z wawelskiego nagrobka Jagiełły, a z czasem przetworzonych w pewien sposób przez tegoż Stwosza jeszcze na nagrobku Kazimierza Jagiellończyka. W zagłębieniach ram stoją także postacie w turbanach, uszatych czapkach, w długich opończach i kusych kaftanach (ryc. 50—53), a pod dużym baldachimem szafy opierają się o jego filarki czterej żołnierze i pacholkowie (ryc. 81, 82). Jeden z nich przy prawym (od widza) filarku, typowy łysek, zabiera się do pląsów. Wśród wąsali zaś bawi widza tkwiący w obramowaniu szafy niesłychanie sugestywny typ w płaskim kapeluszu z monstrualnymi wprost wąsami pod niezgrabnym, nieco kaczym nosem (ryc. 43). Wszystkie te wybitnie ekspresyjne rzeźby wykonane zostały z finezją, cechującą zarówno opracowanie twarzy, jak rąk, nóg i szczegółów stroju. Tworzą one dziwny, lecz zrozumiały w średniowieczu stop sytuacyjnej prawdy (przedstawiając Żydów, włóczęgów, pacholków, rzemieślników itp.) i karykatury, której genealogia sięga wcześniejszego średniowiecza. Atmosfera tych przedstawień wywodzi się ze wspomnianych już wczesnogotyckich potworkowatych nieraz wyobrażeń, umieszczanych w górnych partiach kościołów, a zatem równie trudno dostępnych, jak opisane twory ołtarza.

Wysoki stopień prawdy wykazują popiersia czterech Ojców Kościoła, wypełniające żagielki po obu stronach łuku arkady, zwłaszcza twarz zgrzybiałego św. Grzegorza o pomiętej ze starości i zwiotczałej skórze, a także twarz św. Hieronima o równie pergaminowym obliczu (ryc. 66). Obydwie te głowy oddziałują sugestywnie na perceptora w wyniku naturalistycznego niemal uwzględnienia zmian starczych.

Otwarta pozostaje kwestia genezy ołtarza, zależności Stwosza od starszych wzorów czy współczesnych mu twórców (w rodzaju znanego nam już Mikołaja z Lejdy czy Ysrahela van Meckenem). Otóż i predella, i kwatery skrzydeł przywodzą na pamięć wiele analogicznie skomponowanych dzieł sztuki, jednakże wzajemne podobieństwa wynikały w tym przypadku przeważnie z tzw. stylu czasowego, z panujących powszechnie ikonograficznych konwencji, z ustalonych sposobów kształtowania, obowiązujących niemal ówczesnych artystów, ale także krępujących ich twórczość. Ponieważ można rzec — upraszczając nieco problem — że w późnym średniowieczu wszystko było do wszystkiego podobne, zbyt usilne szukanie zbliżeń może doprowadzić do formalnego chaosu. A przecież w sztuce Stwosza nie to jest istotne, co łączy go z resztą twórców, nie to, że niektóre układy figur i typy w scenach np. biblijnych, a także ich pozy i gesty, dadzą się odnaleźć w różnych dziełach, lecz to, iż nad wszystkimi warstwami twórczości góruje jego styl indywidualny jako wartość nadrzędna. Łączność Stwosza z europejską kulturą artystyczną, znajomość schematów ikonograficznych nie wyklucza zresztą odchyleń od norm powszechnych. Dla przykładu: w płaskorzeźbie ze sceną *Bożego Narodzenia* rzeźbiarz umieścił pasterzy wewnątrz stajenki, chociaż jako nieświadomych jeszcze świętości Jezusa pozostawiano ich zazwyczaj poza obrębem wnętrza. Wprawdzie podobnie postąpił Hugo van der Goes, malując około r. 1475 swój słynny tryptyk dla Tomasza Portinari, ale Stwosz tego dzieła chyba nie znał. W scenie *Hołdu* krakowskiego rzeźbiarza pojawili się znowu królowie (a raczej magowie) w samych czapkach bez koron. Na tablicy z *Wniebowstąpieniem Chrystusa* opuszczono jego postać, co prawda także w związku z podłużnym formatem deski, pozostawiając po nim tylko ślad w kształcie głazu otoczonego promieniami mandorli. Uderzająca też jest rozrzutna inwencja artysty w zakresie typów ludzkich, realiów, fałdzistych szat, nawet męskich zarostów, że przypomni się np. motyw pachołka w *Hołdzie Trzech Króli*. Wypielęgnował on monstrualnie długie wąsy, splecione w warkoczyki i zakończone chwostami. Liczne fizjonomie z sumiastymi wąsami zdają się nawiązywać do płaczków na tumbie wawelskiego nagrobka Jagiełły (około 1440), z tym że Stwosz powtórzył tego rodzaju figury jeszcze na ścianach grobowca Kazimierza Jagiellończyka (po 1492). Są to wprawdzie szczegóły, lecz oprócz nich dają się zauważyć w scenie *Zaśnięcia*, w kwaterach skrzydeł i w ogóle w całym ołtarzu inne jeszcze innowacje z zakresu kompozycji i jej poszczególnych składników. Rzuca to światło na wyobraźnię plastyczną i pomysłowość mistrza.

OŁTARZ JAKO ZWIERCIADŁO ŻYCIA

Ołtarz Mariacki spełniał różnorodne zadania, w związku z czym różnie nań reagowano. Pod wpływem estetyki w. XIX i XX widzimy w nim dzisiaj głównie przedmiot artystyczny. W wiekach średnich, związany z liturgią, był przede wszystkim przedmiotem kultu, organicznym członem świątyni, a także źródłem informacji o prawdach wiary, o Starym i Nowym Testamencie, o opisywanym przez teologię i filozofię scholastyczną świecie istot niebiańskich — oraz o konkretnym, fizycznie istniejącym świecie. Jawi się on jako pewnego rodzaju odbicie owoczesnych form życia, przybierających u schyłku średniowiecza ostro zarysowane kontury. System feudalny wykreślał łatwo czytelną granicę między warstwą możnych tego świata a pospólstwem, rodząc wielkie kontrasty społeczne i napięcia psychiczne. Jak stwierdzono w nauce, „zewnętrzne formy wszystkich zjawisk zarysowały się wówczas znacznie ostrzej niż dzisiaj. Między cierpieniem a radością, między nieszczęściem a szczęściem istniała większa rozpiętość: każde przeżycie posiadało taki stopień bezpośredniości i absolutnej wyrazistości, jaki cechuje jeszcze radość lub cierpienie dziecka". Uczucia zyskiwały charakter krańcowy, jeśli wnosić po oznakach zewnętrznych. Podług źródeł francuskich nawet mężczyźni często wybuchali płaczem. Namiętności ludzkie w atmosferze kontrastów społecznych przybierały postać szczególnie jaskrawą, co odbijało się na fizjonomice ludzkiej. W świetle sztuki, zwłaszcza portretowej, galeria ówczesnych typów odznaczała się bardzo szeroką skalą, gdyż spotykało się zarówno osobników pełnych urody i wdzięku czy dostojnej męskości, jak i wynaturzone i okrutne oblicza oraz grube rysy, zniekształcone nierzadko chorobą, która tak często bywała wynikiem epidemii. Życie tych czasów przejawiało się w czynach nierzadko bohaterskich, ale równie często dyktowanych mściwością i okrucieństwem, czego wyrazem było też ówczesne prawodawstwo z systemem potwornych kar i tortur (z którymi zapoznał się bezpośrednio także sam Stwosz). Z bogactwem graniczyła bezpośrednio nędza: obok wzorzystych szat aksamitnych, brokatowych i jedwabnych spotykało się nagminnie szorstkie opończe lub brudne łachmany. Wspólną zaś właściwością możnych i ubogich był religijny pogląd na świat i życie: wieczność miała być rekompensatą za doczesność.

W wyniku dziwnej wiary w realny byt pojęć (*universalia ante res*) oraz zgodnie z zakorzenionymi nałogami myślenia panowała jeszcze dążność do prymitywnego antropomorfizmu i personifikacji. Tym się tłumaczy, że świat duchów, żyjący zarówno w wyobraźni średniowiecznego teologa, jak przeciętnego, szarego człowieka, przybiera postać ludzką, którą zastępują także hybrydy złożone z kształtów ludzkich i zwierzęcych. Stąd więc pochodzi antropomorfizm Stwosza, który — jak wszyscy artyści średniowiecza — przedstawia zjawisko pomyślane i nieziemskie w formach ludzkich, a także zwierzęcych i ptasich. Tego rodzaju płody wyobraźni, syconej symbolizmem i alegorią, słabnące już u schyłku wieków średnich, krzyżowały się ustawicznie w świadomości ówczesnego człowieka z przeżyciami czerpanymi z powszedniego, codziennego życia. W ten sposób splatały się z sobą świat fizyczny i świat nadzmysłowy.

W ołtarzu Mariackim z łatwością odnajdujemy scharakteryzowane wyżej cechy średniowiecznych ludzi, jak również odbicie dwóch różnych, przemieszanych jednak z sobą światów, w których ludzie ci na swój sposób istnieli. W ołtarzu Mariackim owe dwa obszary bytu, tj. świat ewangelij, apokryfów, antropomorficznych symboli i nieba oraz strefa żywych, prawdziwych ludzi, przenikają się wzajemnie zgodnie ze świadomością średniowiecza, która łatwo godziła teocentryzm z twardymi prawami doczesnej egzystencji. Toteż istoty niebiańskie, np. aniołowie, bywają w ujęciu Stwosza podobni do ludzi, co najwyżej zaś nieco idealizowani, jak w całej zresztą sztuce. Ponieważ wchodzi w grę jednak dzieło późnośredniowieczne, i to wykonane przez artystę o wielkim poczuciu rzeczywistości, przeważa w ołtarzu żywioł ziemi, obraz prawdziwego, gorącą krwią tętniącego życia.

Świat nadzmysłowy w ołtarzu to przede wszystkim liczne postacie aniołów i mniej liczne diabłów. Dla aniołów istnieją dwie główne formuły: niektórzy z nich tuż przy postaciach *Wniebowzięcia Marii* są nadzy i — jak ptaki —

w całości opierzeni (ryc. 49); inni, podobni do uroczych pacholąt, bywają odziani w obfite, zazwyczaj skłębione i wirujące na wietrze powłóczyste szaty, podkreślające wraz ze skrzydłami ich lotność (ryc. 47, 48). Z tymi czarującymi istotami kontrastują swą potworną brzydotą diabły, odrażające hybrydy, złożone z ciał sobie obcych. W scenie z *Chrystusem w otchłani* diabły posiadają na poły zwierzęce, smocze czy żabie kształty, pręgowate torsy, jakieś narośle i guzy, chude, podobne do łap kurzych piszczele oraz na poły ptasie, na poły ludzkie fizjonomie, zżarte na domiar chorobą. Ich brzuchy przemieniają się w drugie obrzydliwe gęby (ryc. 54, 55).

★ ★ ★

Świat ludzi, na ogół biorąc, realnych i nierzadko gminnych, lecz także wyidealizowanych lub przesadnie szpetnych, staje się w ołtarzu Mariackim tak rozległy i różnorodny, że wymyka się z ram zakreślonych rozmiarami tego studium. A przy tym zbyt długi opis zawsze bywa dla czytelnika nużący. Do świata ludzi zalicza się tu także osoby Chrystusa i Marii, ponieważ zostały one pokazane w czasie swej ziemskiej wędrówki i połączone bezpośrednio ze światem fizycznym. Proporcje postaci przedstawionych na skrzydłach są zazwyczaj mniej poprawne niż w scenie głównej ołtarza. Powołane do życia osoby bywają czasem narysowane naiwnie i często nawiązują do wcześniejszych schematów gotyckich, że wspomni się o krótkich, gdzieniegdzie niezgrabnych kończynach

Chrystusa z dużymi, płaskimi stopami (ryc. 23) lub o nadmiernie czasem wydłużonych postaciach aniołów, zakończonych zbyt małymi głowami, np. w scenie *Chrystusa w otchłani* (ryc. 20). W scenie *Bożego Narodzenia* Matka Boska ma ciężkie dłonie, a pastuszkowie aż zabawnie małe (ryc. 12). Chrystus ogrodnik zwraca uwagę swą wielką głową i patykowatymi, nikłymi nogami (ryc. 23). Należy więc przyjąć, że w wykonaniu skrzydeł ołtarzowych wzięli znaczny udział pomocnicy mistrza, m. in. twórca wydłużonych figur na szczycie szafy, w tym przypadku jednak uzasadnionych prawami perspektywy. Oglądane z dołu odzyskują prawie naturalne proporcje.

Również ruchy postaci odznaczają się przeważnie naturalnością, lecz w pewnych przypadkach naginają się jeszcze do średniowiecznej konwencji, odznaczając się nieraz przesadą, wskutek czego ludzie zamieniają się w istoty z pogranicza prawdy i fantazji, znane co najmniej od w. XIII. Poskręcane tułowie, zadarte czy w stosunku do korpusu zbyt silnie odwrócone głowy, skrzyżowane i zgięte nogi — składają się na rubaszne, niemal satyryczne fragmenty (*Chrystus wśród uczonych*) (ryc. 15), *Pojmanie* (ryc. 16). Przeważają jednak postacie dojrzałych kobiet w powłóczystych szatach, dostojnych i brodatych starców, z którymi kontrastują znowu ruchliwe, zamaszyste, rozkraczone figury siepaczy i pachołków. Spośród ciał nagich najstaranniej, co jest zrozumiałe, bywa opracowane ciało Chrystusa w scenach pasyjnych, ciało o silnie zaznaczonej klatce piersiowej i długich, chudych kończynach, harmonijne w swej pozie, oznaczającej jego bezwład, zwłaszcza w scenie *Opłakiwania* (ryc. 18). Prawdziwie dziewczęcym urokiem promieniuje radosna postać Matki Boskiej w scenie *Hołdu Trzech Króli* (ryc. 13), a pańskością i wielką pozą odznacza się m. in. murzyński król, witający głębokim ukłonem Dzieciątko Jezus. Sztuczność pozy i niezręczne zgięcie nóg, szeroko rozstawionych w kolanach, powraca w *Zmartwychwstaniu* (ryc. 21), natomiast umiarem i powagą zalecają się sceny *Wniebowstąpienia* (ryc. 24) i *Zesłania Ducha Świętego* (ryc. 25).

Znaczną rozmaitość wykazują fizjonomie scharakteryzowanych przez artystę ludzi, którzy wielką siłę ekspresji osiągnęli w opisanej środkowej scenie ołtarza. W kwaterach jego skrzydeł pojawiają się długobrode i wąsate twarze o wychudłych policzkach, pełne powagi i namaszczenia lub bardziej powszednie i gminne, nieraz z długimi, sznurowatymi wąsami, to znowu tłuste i wygolone oblicza „opatów", gładkie lica urodziwych młodzieńców, ujęte w kręte sploty włosów, grubo zarysowane i płaskie twarze służby kościelnej, jakby „dynarskie" ściągłe fizjonomie pasterzy, zwyrodniałe i dzikie gęby żołdaków w *Pojmaniu* oraz dysplastyczne i karykaturalne twarze drobnych pokurczów o wystających szczękach czy kulkowatych i zadartych nosach. Charakterystyka tych typów graniczy z naturalizmem i tak typową dla średniowiecza nutą okrucieństwa.

Wszystkie te głowy uderzają wzrok wielkim ładunkiem prawdy, a przynależą do ludzi powiązanych z sobą w organiczne zespoły w różnych sytuacjach życiowych, zmuszających jednych ludzi do obcowania z drugimi. Wyobrażone na płaskorzeźbach postacie obejmują się lub dotykają wzajemnie, zwracając ku sobie twarze i zapuszczają się w namiętne czasem dyskusje, którym towarzyszy wymowna gestykulacja rąk. Niewiasty pod krzyżem w scenie *Ukrzyżowania* (ryc. 17) ruchem pełnym rozpaczy załamują ręce i ocierają łzy spływające z twarzy nacechowanych wyrazem głębokiego bólu. Setnik zaś stojący na dziwacznie skrzyżowanych nogach po drugiej stronie krzyża, z twarzą o wyrazistym profilu, o zapadniętych policzkach, obdarzonych fałdami przebiegającymi od nosa do brody, wymienia jakieś uwagi z osobnikiem o chudej, zamyślonej twarzy z niewielkimi mądrymi oczyma, gubiącymi się w głębi oczodołów. Ponieważ w poważniejszych dziełach artyści umieszczali nierzadko swe autoportrety, przychodzi na myśl, o czym była już mowa, że ten drugi bezwąsy, zamyślony człowiek (w długiej opończy) mógłby być wizerunkiem Stwosza. Tego intuicyjnego domysłu nie da się jednak poprzeć żadnym konkretnym dowodem.

Motyw rozmowy powtarza się w *Opłakiwaniu* (ryc. 18). Toczy się ona między osobnikiem z krótką trefioną brodą i wystającym nosem oraz pełnym namaszczenia, gładko wygolonym mężczyzną o pulchnym, sfałdowanym obliczu, który gestykuluje z wielkim poczuciem godności. Jeden z kapłanów w scenie z *Chrystusem wśród uczonych* (ryc. 15) wpatrując się w przestrzeń niewidzącymi oczyma, podsumowuje na palcach argumenty czy sylogizmy teologicznej dysputy, w odpowiedzi na co inny, brodaty i dostojny kapłan w ogromnej tiarze na głowie, spokojnie wskazuje palcem na słowa księgi jako ostateczną instancję. Niżej zaś umieszczony kapłan z głową nakrytą chustą bierze udział w rozmowie całym wyrazem swej niespokojnej, drgającej mięśniami twarzy o ruchliwych ustach.

Na innych kwaterach zastanawiają ścisłością przedstawienia zażywne, starsze niewiasty o szerokich nosach i zmrużonych, ukośnych oczach oraz zbyt pełnych policzkach, klasyczny przykład matron (ryc. 44). Różnią się zaś od nich w sposób zdecydowany różne wersje Madonny, a także postać Marii Magdaleny w scenie z *Chrystusem ogrodnikiem*, gdyż jej gwałtownie podniesiona głowa i oczy zahipnotyzowane niespodziewanym zjawiskiem, splecione nagłym gestem dłonie i jej długa chusta rozwiana na wietrze składają się na podniecającą i niepowszednią całość. W *Zesłaniu Ducha Świętego* zadarte do góry twarze brodatych apostołów o ekstatycznym wyrazie mistycznego nieomal olśnienia podkreślają także swym jednolitym ruchem, ogarniającym wszystkie postacie sceny, nadrzędny czynnik idei, wyrażonej płaskorzeźbą. Oprócz młodzieńczego o energicznych ruchach murzyńskiego króla w *Pokłonie Magów* zwraca uwagę skontrastowana z nim postać brodatego, klęczącego monarchy o twardym profilu, pełna dostojeństwa, a wyrażająca ciche, pobożne zamyślenie. Jego rozcięta po bokach szata jest atrybutem z dawna ustalonej w Niderlandach sceny. W *Pojmaniu* szczególną siłę wyrazu nadał mistrz brutalnym żołdakom o wystających i wygiętych nosach, o wypukłych oczach, okolonych istną siatką zmarszczek, o szeroko rozciągniętych wargach, skrzywionych w odrażającym grymasie i podciągniętych wysoko pod nisko opadające nosy.

Ścisłość obserwacji, dokonywanych na ulicach i targowiskach miasta, posuwa mistrz do tego, że przedstawia też wynaturzone, patologiczne typy żebraków czy włóczęgów, wzorując na nich nie tylko żołdaków w scenie *Pojmania*, lecz nawet najniżej przykucniętych osobników, ukazanych w scenie z *Chrystusem wśród uczonych*.

Kwaterę tę można by też obdarzyć tytułem *Dysputa uczonych w piśmie*. Biorą w niej udział oprócz dziecięcego Jezusa uczeni różnego stopnia. Jedni, umieszczeni wysoko, jak np. wytworny dysputant, może Kallimach Buonacorsi, chełpią się wyglądem dostojnym i okazałym wzrostem, inni odsunięci w dolną część pola, a zatem bliżsi pierwszego planu i oczu widza, niepokoją karlimi wymiarami, chociaż z perspektywicznego punktu widzenia powinno być odwrotnie. Zastosowano więc tutaj perspektywę odwróconą, jakby hierarchiczną, uzasadnioną nie wzrokową prawdą, lecz znaczeniem przedstawionych postaci. Skłaniała do tego średniowieczna wyobraźnia, oswojona z ówczesnym systemem wartości. Inne jeszcze powody mogły skłonić do nadania zupełnie już nikłych wymiarów skromnie odzianemu człowieczkowi z księgą w ręku oraz do wciśnięcia go w dolny kąt tablicy. Figurka ta może być podobizną Heyde-ka-Miriki (ryc. 60). Ponieważ był on, jak wiadomo, głównym bodaj promotorem budowy poliptyku, a więc jak gdyby jego duchowym współtwórcą, został niemal ukryty w imię pokory chrześcijańskiej, która często kazała radykalnie obniżać wzrost fundatorów ołtarzy, nawet w przypadku, kiedy byli nimi dostojnicy kościelni.

Uwzględnia też Stwosz osobników zżartych chorobami skórnymi, np. w scenach *Pojmania* i *Zstąpienia do piekieł*. Przedstawia więc: objawy owrzodzenia, np. raka skórnego, wiszące u szyi włókniaki, wytrzeszcz gałki ocznej i zeza zbieżnego u osobnika o tępym „nosie buldoga". Nos siodełkowaty, objaw kiły wrodzonej, można też zauważyć u jednej z postaci w scenie *Chrystusa wśród uczonych*. Uwzględnił też mistrz przykład trądzika różyczkowego, pogrubiającego nos ofiary, oraz wilka żrącego u jednego z szatanów (ryc. 54).

Jak z tego wynika, w dziele Stwosza przeplatają się wzniosłość i patos, powszedniość i nędza człowieka. Mniejszą rozmaitością odznaczają się twarze kobiet i dziewcząt (ryc. 71), czasem ściągłe i prawie ascetyczne, częściej pulchne (ryc. 80), wzorowane zapewne na twarzach dobrze odżywionych mieszczek, wreszcie urodziwe i pełne nieraz prawdziwego uroku (ryc. 65), zwłaszcza w niektórych wyobrażeniach Matki Boskiej.

Przedstawione w ołtarzu osoby ukazują też różne stany duchowe. Snują nić swego niezwykłego żywota, w którym fakty realne splatają się ze światem nadzmysłowym. Ich życie nabiera wyrazistości dzięki doznaniom psychicznym, różnym reakcjom na bodźce. Zachowują się rozmaicie w sytuacjach, w jakie los ich uwikłał. Doznają różnych drgnień duszy, wyrażają różne stany uczuciowe, towarzyszące wrażeniom płynącym z zewnętrznego świata i stale atakującym świadomość. Prezentują rozmaitość wyglądów, uzasadnionych cechami charakteru. Grążą się czasem w spokoju, lecz częściej ulegają wzruszeniom prowadzącym do napięć psychicznych. Spotyka się neutralne sposoby zachowań, połączone np. z krzątaniną domową (*Narodziny Marii*), ale też uroczyste pozy i gesty, obrzędową celebrę, stany skupienia i zamyślenia. Piękno duchowe wyraża się pięknem fizycznym, lecz kryje się także pod maską brzydoty. Duma i powaga sąsiadują ze śmiesznością. Obok osób dostojnych trafiają się figurki to zabawne, to odrażające, m. in. osobnicy napiętnowani grymasem zdziczenia. Odwaga, pyszałkowatość, w innym przypadku lęk i melancholia, złość i czułość stają się udziałem nie tylko protagonistów dramatu. Uśmiech, czy może cień uśmiechu, gości wyjątkowo na twarzach, łzy za to leją się obficie. Na niektórych obliczach maluje się troska, na innych obojętność. Łagodną dobroć można dojrzeć w rysach zwłaszcza starszych kobiet. Szerokim, jak wiemy, gestem, nawet buńczuczną postawą odznacza się czarny król w scenie *Hołdu*, skromność zaś i pokora cechują pasterzy. Doniosłe fakty mistyczne ogniskują umysły zebranych, skupiając ich w zwartą, jednomyślną grupę. Wspólny mianownik realizmu nie wyłącza bowiem mistycznego klimatu, a może nawet na swój sposób go wzmacnia. W wielkim misterium ołtarza biorą udział ludzie wielcy i mali, promotorzy akcji i ich akolici, a wszyscy poświadczają bogactwo i dziwność istnienia.

★　★　★

Ubiory przedstawione w ołtarzu posiadają charakter trojaki. Osoby boskie i inne poważniejsze postacie noszą stroje idealizowane, np. długie tuniki i płaszcze, będące w gruncie rzeczy dziedzictwem antyku, choć dostosowane do mody, jak np. płaszcz kolisty. Są to nie tylko ubiory, lecz także ozdobne draperie. Osoby pośledniejsze i świeckie noszą odzież zawsze współczesną Stwoszowi lub ulegają modzie nieco przedawnionej. Pojawiają się wreszcie stroje fantastyczne, często orientalizowane, jak w całej ówczesnej sztuce. Większą rozmaitością odznaczają się stroje męskie niż kobiece. Ubiory realne są pochodzenia zachodnioeuropejskiego, głównie francuskiego i burgundzko-flamandzkiego, bo podobnie jak dzisiaj, także w w. XV mody zachodnioeuropejskie docierały zarówno do Niemiec, jak Polski. Szczególną dziwacznością i pretensjonalnością odznaczała się moda w latach 1350—1480, w związku z czym pojawiały się czepce podobne do głowy cukru (*hennin*) i głębokie dekolty. Kobiety odgarniały włosy starannie do tyłu i ukrywały je pod czepcami, żeby pokazać wysokie i wypukłe czoło. Ekstrawaganckie obuwie, zwane polskim (*poulaines*), posiadało tak długie szpice, że rycerstwo musiało je obcinać w razie ucieczki z pola bitwy (pod Nicopolis). Znane były wcięte talie i bufiaste ramiona, tylko wyjątkowo jednak stosowane przez Stwosza. Strój odświętny odznaczał się niezwykłą ozdobnością, sutością i długością, co obserwujemy także w ołtarzu krakowskim: był przy tym wyrazem godności i stanowiska społecznego.

Młodzi mężczyźni, pacholęta i giermkowie przedstawieni w ołtarzu Mariackim noszą często krótkie, ściągnięte pasem kaftany (*doublet, pourpoint*), od około r. 1460 obcisłe i otwarte przy szyi, z promienistymi fałdami od pasa: ich rękawy bywają rozcinane górą i sznurowane, rzadziej zapinane na guziki. Widać też wśród ubiorów grube kubraki żołnierskie, pikowane w poprzeczne pręgi lub romby, np. w scenie *Zmartwychwstania*. Kaftan z dzwonkami demonstruje rozkraczony uczony w scenie z *Chrystusem w świątyni*. Przedstawiona w lewym kącie pola maleńka postać pisarza z księgą, identyfikowana, jak już o tym wspomniano, z Heydekem-Miriką, zajmującym się ołtarzem z ramienia Rady Miejskiej, odziana w długą, prostą szatę z kołnierzem, wskazującą na duchownego. Często wchodzą też w grę okrycia z taśmami (potrzebami) z przodu, pochodzenia orientalno-węgierskiego.

Wśród okryć wierzchnich zwraca uwagę tzw. płaszcz dzwonowaty, znany w w. XIV i XV, skrojony w koło lub ograniczony do wycinka koła, np. w *Opłakiwaniu* (ryc. 18). Typowe pod tym względem są płaszcze półkoliste (np. ryc. 73), należące do strojów królewskich i uroczystych, a występujące na wszystkich prawie pła-skorzeźbach. Jeden z apostołów (ryc. 72) i św. Józef w scenie *Bożego Narodzenia* noszą płasz-cze rozcięte (ryc. 12). Oprócz płaszczy widać różne tuniki, tj. luźne okrycia wierzchnie, np. z kołnierzem futrzanym wyciętym w zęby (*tappert, tappard*), widoczne w scenie *Opłakiwania* (ryc. 18, 73).

Kobiety odtworzone w ołtarzu noszą oprócz idealizowanych strojów suknie domowe lub bo-gatsze, zgodnie z modą 2. połowy w. XV. W ubiory domowe zostały odziane służebne (w scenie *Narodzin Marii*), z których jedna, z dzbankiem i talerzem w rękach, nosi jednak wcale bogato skrojoną suknię, regularnie zmar-szczoną nad pasem (ryc. 71). Zwraca też uwagę położna w wysokim, owalnym czepcu i obci słym staniku z krótkimi rękawami, do którego przypina się drugie. Trafiają się staniki sznu-rowane po bokach i podpięte suknie, np. u wspo-mnianej położnej, rzadziej suknie ozdobne typu flamandzko-francuskiego. Często natomiast po-jawiają się także u kobiet półkoliste płaszcze.

Nakrycia głowy, pokazane w najrozmait-szych odmianach, bywają jakby stylizowane fan-tastycznie albo orientalizowane lub zgodne z modą 2. połowy w. XV. Św. Joachim zadzi-wia np. dziwaczną, wieloboczną i wysoką czap-ką z silnie podwiniętym od przodu rondem (ryc. 8). W scenie przedstawiającej *Chrystusa wśród uczonych* (ryc. 15) widać tiary otoczone obręczą lub kolczastą koroną, ogromne, roz-szerzone górą kołpaki, obcisłe czepce spinane pod brodą lub sfałdowane dołem mycki. Jeden z monarchów w *Hołdzie Trzech Króli* (ryc. 13) nosi turban spowity wokół czapki podobnej do głowy cukru, król murzyński kołpak otoczony łukami korony, a brodaty pachołek obok konia czapkę z odwiniętym, kolistym brzegiem. W *Ukrzyżowaniu* (ryc. 17) zwraca uwagę czepiec z kapturem, wystrzępionym na plecach, oraz czapka z przodem odwiniętym do góry i zwisającym ku tyłowi workiem. Kaptury (*chaperon*) powtarzają się w ołtarzu dość często, rzadziej zaś czapki ze zwisającymi workami, podobne do odwróconej czapki frygijskiej. Jeden z pasterzy w *Bożym Narodzeniu* trzyma w ręku okrągłe nakrycie głowy z owczego runa.

U kobiet przeważają chusty białe, używane jako zawoje, a noszone do żałobnego stroju (np. we Francji, ale także i gdzie indziej). Poza tym przyciągają uwagę swym dziwacznym kształtem różne, przeważnie usztywnione czepce, jak młotkowaty w scenie *Złożenia do grobu* (ryc. 19), siodełkowaty w scenie *Ofiarowania NP Marii* (ryc. 10) lub baniasty w jej *Narodzinach* (ryc. 9). Poduszkowaty, z dwóch półkul złożony czepiec Marii Magdaleny w scenie z *Chrystusem ogrodnikiem* (ryc. 23) przypomina burgundzkie nakrycie głowy.

Opisaną odzież uzupełniają jeszcze różne sakwy zawieszone u pasa i ujęte w metalowe oprawy oraz z rzadka rozsypane klejnoty. Wśród realiów wielkie znaczenie posiadają zbroje. Zbroje te, najdokładniej scharakteryzowane w scenach *Pojmania Chrystusa* (ryc. 16) i *Zmartwychwstania* (ryc. 21), są głównie przykładem popularnego w tych czasach i często eksportowanego płatnerstwa Norymbergi. W związku z tym wchodzą tu w grę pancerze dopasowane do figury i napierśniki spięte z obojczykiem. Dołem pancerze przechodzą w tzw. fartuch, złożony z kilku poziomych, zachodzących na siebie płatów blachy, opatrzony bocznymi nabiodrnikami, zwanymi „taszki". Pancerz ten jest opatrzony z przodu w rodzaj ostrego grzbietu, a całość bywa ujęta w ostrołuki i ażurowe, mosiężne okucia. Naramienniki przypominają skrzydła nietoperza, nałokcice przechodzą w rogi, a rękawice w ostro zakończone sztylpy. Opancerzenie występuje także na nogach, chronionych wypukłymi lub ostrymi nakolannikami (ryc. 81). Maleńki żołnierz, przedstawiony pod baldachimem szafy, został potraktowany tak drobiazgowo, że nie zapomniano nawet o przytwierdzonym do pancerza haku, służącym dc podtrzymania kopii. Hełmy, zwane łebką (*salade*), o formie okrągłej, ochraniają też kark, a w części czołowej są zaopatrzone w szpary dla oczu. W scenie *Pojmania* jeden z żołdaków nosi przestarzały już pancerz łuskowy, a na głowie hełm stożkowaty z dziobatą przysłoną i otworkami oddechowymi: łączy się on z kołnierzem kolczy plecionej, okalającej twarz i szyję (ryc. 82). Inny z żołdaków nosi znowu spiczasty hełm orientalny.

Broń sieczna jako naturalny dodatek uzbrojenia jest reprezentowana dość obficie. Za oryginalny jej przykład trzeba uznać szeroki tasak w pochwie, w której tkwią jeszcze trzy noże (ryc. 85), widoczny w scenie *Ukrzyżowania*. Typowa jest krzywa szabla Malchusa w *Poj-*

maniu z rękojeścią o głowicy w kształcie dziobu, o jelcu krzyżowym z wąsami zwróconymi ku dołowi. Obok innych okazów broni wchodzą w grę jeszcze włócznie, topory i kusza, przedstawione z drobiazgową ścisłością w *Zmartwychwstaniu*. Imitacyjny charakter broni jest tego stopnia, że sznur (wykonany z drzewa) prowokuje wprost do napięcia kuszy. Zarówno ludzie świeccy, jak żołnierze noszą najrozmaitsze rodzaje obuwia (ryc. 83), przede wszystkim opisane już płytkie, silnie wydłużone trzewiki zwane — jak wspomniano — *poulaines* — polskie, a w Anglii *cracows* — krakowskie (ryc. 84), m. in. dobrze scharakteryzowane także w *Złożeniu do grobu*. Zapewne więc takie trzewiki wyrabiano w Krakowie (przy ulicy Szewskiej?). Ich przeciwieństwem są buty do konnej jazdy króla murzyńskiego, a formą pośrednią wydają się być używane na co dzień buty z opadającymi cholewkami, noszone np. przez jednego z pasterzy w scenie *Bożego Narodzenia*. Niektóre kobiety wybrały również płytkie, spiczaste trzewiki, a u jednej ze służebnych w scenie *Narodzenia Marii* przyciągają wzrok oryginalne drewniane patynki nałożone na grubą pończochę. Wszystko to zostało wykonane z benedyktyńską cierpliwością średniowiecznego, kontrolowanego przez swój cech rzemieślnika, w dążeniu do efektów iluzjonistycznych. Było też wyrazem przywiązania do przedmiotów oraz wysokiej oceny pracowitych wytworów człowieka, który wszystkie sprawy i rzeczy traktował z równą niemal powagą.

Na skrzydłach i w różnych zresztą częściach

ołtarza zwracają uwagę jeszcze inne przedmioty, z których postacie te korzystają, m. in. księgi w ozdobnych oprawach, a także otwarte z pedantycznie odtworzonym pismem gotyckim, puszki i puklowane puchary, trzymane np. przez monarchów w scenie *Hołdu Trzech Króli* itp. Elementy martwej natury łączą się z okazami sprzętów, określonych tak dokładnie, że można by je odtworzyć we właściwym materiale, jak np. pulpit i dzban w scenie *Zwiastowania*. Poznajemy również dzięki pracy mistrza używane w jego czasach instrumenty muzyczne, np. lutnię i różne organki. W scenie *Narodzin Marii* demonstruje artysta sprzęt izby sypialnej, a więc ławę i łoże z narożnymi słupkami, z rozpiętym górą baldachimem, balią i na haku zawieszonym kotłem, pod którym płonie ogień. Na ławie widać prawdziwą „martwą naturę", m. in. kubek, nóż i łyżkę.

Sprzęt domowy, często o jasnej, żółtej barwie świeżego drewna, potraktowano tak dokładnie, że odtworzono nawet jego słoje, powtórzone także w często powtarzanym motywie płotów. Osobliwa ława z gotyckimi szczegółami, opatrzona drzwiczkami umieszczonego w niej schowka, występuje też w scenie *Zesłania Ducha Świętego*. Wszystko to zostało odtworzone z wielką precyzją, z uwzględnieniem twardej substancji przedmiotów.

* * *

Sporo miejsca zajmują w płaskorzeźbach wnętrza architektoniczne, mniej zaś zewnętrzne widoki budowli, częścią rzeźbione, częścią malowane. Zostały potraktowane w sposób tradycyjny, gdyż dowodzą słabej znajomości zasad nowej perspektywy, tak świetnie wykształconej zwłaszcza we Włoszech, lecz w zamian godzi się ta architektura z istniejącymi w jej ramach postaciami, przy swym realizmie równie gotyckimi, jak ona. Sama struktura pola raczej zyskuje na tym, ponieważ architekturę komponuje się z myślą o równomiernym i harmonijnym założeniu płaszczyzny, w czym nie przeszkadzają rygorystyczne skróty, do których zmusza taka czy inna perspektywa nawet odwrócona (ryc. 14). Toteż posadzka leży (ryc. 9), a niekiedy „stoi" pionowo (ryc. 12), jak w 1. połowie stulecia, sprzęty zsuwają się jak gdyby po równi pochyłej (ryc. 9), przy czym także ich proporcje rzadko się liczą z rzeczywistością, pomimo równie starannego traktowania tych partii reliefów, jak innych części ołtarza. Zgoła fantastyczny wygląd cechuje architekturę w scenie z *Chrystusem wśród uczonych* (ryc. 15), gdyż tworzy ją ciemnoczerwony, łamany fioletem baldachim, przedstawiający istniejącą w każdej bożnicy bimę, z dwunastoletnim Chrystusem w górnej, podobnej do latarni kondygnacji. Tablica ta została przy tym pomyślana jako fragment wnętrza, przy czym całość została przedstawiona niemal z lotu ptaka, a stroma, choć zbieżnie wykreślona posadzka składa się z wielobarwnych płytek. W scenie *Ofiarowania Chrystusa* (ryc. 14) wyraziście wymodelowano dwie pierwszoplanowe, pomalowane na ciemnozielony marmur arkady, poza którymi dopiero wznoszą się stromo właściwe wnętrza utrzymane w tonie czerwonym. W wielu z nich zwracają uwagę wykonane z cierpliwością miniaturzysty szczegóły, jak okna, bramy, odrzwia typu krakowskiego, gzymsy, wykusze, niekiedy nawet modelowane w drewnie, np. w scenie z Joachimem i św. Anną (ryc. 8), zwłaszcza wzorzyste płyty podłogi. Te „stojące" flizy, pokryte cienkimi arabeskami, oglądamy np. w scenie *Bożego Narodzenia*, gdzie prezentują one najbardziej skomplikowane wzory złożone ze splotów i rozet. Przypominają fakt historycznego rozwoju krakowskiego kaflarstwa, w tym płyt ceramicznych, które tak często odkrywa się w kościołach Krakowa, poczynając od czasów sztuki romańskiej.

Poliptyk krakowski można więc istotnie uznać za swoistą „sumę życia" i zwierciadło późnośredniowiecznego Krakowa.

* * *

Motywy architektoniczne zespalają się często we wspólne całości z pejzażami, jak np. w scenie *Bożego Narodzenia*, gdzie oprócz rzeźbionej ruiny „Domu Dawida" z symetrycznymi oknami o symbolicznym znaczeniu widać pośrodku również rzeźbioną i malowaną górę z pasącymi się owcami. Często też pejzaże łączą się ze szczegółami budownictwa drewnianego, np. z motywem bramy nasłupnej i płotu, rzeźbionego i malowanego zarazem. Także krajobrazy łączą płytką rzeźbę z malarstwem, z tym że z reguły pojawiają się rzeźbione formacje skaliste: drzewa zaś, łąki i rośliny z reguły są malowane (ryc. 17). Niemniej zdarza się, że także

kształtowana środkami malarskimi pierwszo-
planowa roślinność posiada pewne akcenty modelowane wypukło.

W rozumieniu genetycznym krajobraz opiera się na jakościach tradycyjnych. Skaliste góry,
złożone czasem z kostkowych, krystalicznych
formacji, wydają się jeszcze refleksem wskrze-
szonego przez wczesny renesans pejzażu antycznego, np. w scenie *Spotkania Joachima ze
św. Anną* (ryc. 8), ale trafiają się także pagóry
bardziej obłe i zarysowane łagodniej (ryc. 18),
odmienne zatem od antycznego kanonu. Same
kontury tych gór, i w ogóle krajobrazów, są
zawsze zbyt ostre, w związku z czym efekt horyzontu rzadko dochodzi do głosu, co wynika
też z procederu technicznego. Kontury te stanowią bowiem także krawędzie płaskorzeźb, na-
łożonych z kolei na błękitnie barwione deski
poszczególnych kwater.

Kompozycja krajobrazu opiera się na kilku
zbliżonych do siebie zasadach i uwzględnia zazwyczaj układ trójplanowy. Ta trójplanowość
nie zawsze bywa wyraźna wskutek znanego nam
już stromego warstwowania elementów pejzażu,
leżących w gruncie rzeczy zawsze na płaszczyź-
nie, słabo więc odsuniętych w głąb przestrzeni,
a ustawionych raczej jedne nad drugimi. Niemniej, zgodnie z przyjętą w poliptyku zasadą
trójplanowej konstrukcji pleneru, plan pierwszy
tworzy bogata, jakby dywanowo ujęta ruń ro-
ślinna, zastąpiona także przez taflowaty teren
względnie z tym terenem połączona, plan drugi
to zazwyczaj palisada z bramą (ryc. 23), a plan
trzeci (czasem pomijany) to wznoszące się za

płotem góry, strome lub obłe, pokryte gajami i łąką. Na tym planie trzecim w głębi zielonych gór widać jeszcze niewielkie miasteczka, zamki (ryc. 91, 92), kościoły i chaty, odsunięte niemal na skraj horyzontu, w praktyce ledwo widoczne, lecz przez artystę potraktowane ze starannością miniaturzysty. W scenie *Ukrzyżowania* zwraca uwagę na planie pierwszym skalisty grunt z płaskich warstewek, malowany w kwiaty, a dalej wijąca się kamienista, nie pozbawiona więc symbolicznego znaczenia, żółtawa droga, nad którą już w górach wznosi się wycięty konturowo w desce i pomalowany zameczek.

Piękny pejzaż zdobi też scenę *Złożenia do grobu*, gdyż składa się on z falistych i zadrzewionych pochyłości górskich, na których wyrasta urocze miasteczko, otoczone murami, najeżone basztami, z kościołem, zamkiem i donjonem. Podobny zameczek koronuje też stromą, krystaliczną górę w scenie *Chrystusa w otchłani*. W scenie *Bożego Narodzenia* zwracają uwagę oprócz architektury zamkowej motywy stosowanego u nas do niedawna budownictwa ludowego, mianowicie kryta gontem chata, żuraw studzienny i z chrustu plecione opłotki, obok których stoi wyrzeźbiona postać pasterza w chłopskim odzieniu (ryc. 93). I tutaj wchodzi w grę dwojakie traktowanie dzieła, gdyż technika rzeźbiarska spotyka się z techniką czysto malarską. Uzasadniony artystycznie i przedmiotowo kontrast tych technik dzieli też pierwsze rzeźbione plany krajobrazów od malowanych, w założeniu najgłębszych.

Wracając do problemu przestrzeni trzeba

podkreślić, że wspomniany już plan pierwszy to jakby prawie pionowo ustawione, bardzo bogate dywany roślinne, złożone ze znanych traw, chwastów i kwiatów znacznej wielkości, narysowanych z taką precyżją, że ich rozpoznanie nie sprawia większej trudności. Rośliny te tworzą jednolite i wyraźnie dekoracyjne płaszczyzny pomimo realistycznych w zasadzie tendencji malarza, dążącego do ścisłego oddania natury. Ten „dekoracyjny" i ozdobny pejzaż odmienia całkowicie swą konsystencję w planie łańcuchów górskich, potraktowanych w sposób jakby impresjonistyczny, z czym wchodzi w związki miniaturowe ujęcie rozrzuconych wśród gór miasteczek i zamków. Dualizm ten nie dowodzi jednak współpracy dwóch malarzy, bo w zasadzie wynika on z ideowych przesłanek średniowiecza, które znało konflikt między idealizmem a realizmem — z tradycji malarskiej 1. połowy w. XV oraz z tendencji poznawczych, których przykładem był wynalazek perspektywy geometrycznej i powietrznej. Dlatego przedstawione na górach drzewka nie prezentują swych listków, lecz widziane z oddali i dlatego uogólnione, składają się z jasnych, wibrujących żółtawo plamek, rzuconych na ciemniejsze podłoże (ryc. 94). Wiele z tych drzew trudno zidentyfikować, niektóre jednak o poskręcanych pniach wyobrażają oliwki rosnące na Górze Oliwnej, np. w scenie *Ukrzyżowania*. W sposób zupełnie czytelny został także określony pierwszoplanowy dąb pod wykuszem w scenie *Spotkania Joachima ze św. Anną* (ryc. 8), złożony z dużych, płasko ułożonych liści na podobieństwo wczesnogotyckiej czy nawet romańskiej roślinności. W ten sposób elementy tradycyjne tworzą symbiozę z nowszymi.

Pierwszoplanowe, duże, jakby arrasowe powierzchnie roślinne powtarzają się w wielu płaskorzeźbach, lecz najwyraźniej w scenie z *Chrystusem ogrodnikiem*. Rzecz znamienna, że zarówno w tym warzywniku, jak i w innych krajobrazach krzewią się wyłącznie rośliny nieogrodowe, rosnące w stanie naturalnym, pospolite w całej Europie Środkowej, a zatem także w Krakowie i jego okolicy. Niektóre z nich były, co prawda, uprawiane jako lekarskie w zakonnych i świeckich ogrodach średniowiecza, jak kormek, dla którego nie mogła już dostarczyć wzoru okolica Krakowa. Na dokładny sposób przedstawienia tych roślin mogły wywrzeć wpływ współczesne „herbaria" z rycinami o charakterze przyrodniczo-lekarskim. Być może, iż niektóre rośliny posiadają znaczenie symboliczne, jak np. czworolist, rzeźbiony w scenie *Pojmania* i powtarzany stale w innych scenach pasyjnych. Był on bowiem z powodu krzyżowego ustawienia liści uważany za symbol Męki Pańskiej i nazywany *crux Christi*. Poza tym wyróżniono w płaskorzeźbach zwykle nieco powiększone: jaskółcze ziele, mniszek lekarski (ryc. 97), babkę, jasnotę białą, konwalię (ryc. 95), ostrożeń lancetowaty, poziomkę, a z rodziny storczyków listerę jajowolistną. Oprócz nich scharakteryzowane są mniej dokładnie liście pierwiosnków, kępy paprotki skalnej, liście koniczyny, srebrnika, lilii, sałaty, mleczu itd. Wśród roślin rzeźbionych i zarazem malowanych godzi się wymienić rodzaj sałaty w *Zmartwych-wstaniu*, babkę, fiołek (ryc. 98) i może brodaw-nik.

Obok świata roślinnego do historii natu-ralnej ołtarza należą jeszcze zwierzęta i fanta-styczne ptaki oraz inne, przynależne do świata realnego. Wystarczy wymienić małpę i baziliszka w obramowaniu szafy, konia w *Hołdzie Trzech Króli*, owce w scenie ze św. Anną i Joa-chimem, wołu i osła w scenie *Bożego Narodze-nia*, psa w *Pojmaniu*, sowę i innego ptaka znowu w ramach szafy. Charakterystycznym szczegó-łem wspomnianego wołu jest wycięta na jego czole pradawnego pochodzenia symboliczna ro-zeta w kształcie wirującego słońca.

★ ★ ★

Ważną część ołtarza tworzą wreszcie wy-bujałe formy abstrakcyjno-ornamentalne, za-czerpnięte z późnogotyckiej architektury. Ich zadanie polega na wzbogaceniu struktury ołta-rza oraz podniesieniu stopnia jego ozdobności. Baldachimy szafy, jej nasady oraz baldachimo-wo-maswerkowe lub roślinne zwieńczenia płaskorzeźb na skrzydłach zostały opisane z grubsza już uprzednio. Tutaj dodać jeszcze warto, że dowodzą one niezwykłej sprawności technicznej późnogotyckiego rzemiosła, które radzi sobie doskonale z koronkami ażurów, skrę-ca śrubowato cienkie kolumienki, opiera na nich ostre i faliste łuki, wieńcząc je lasem fiali i kwiatonów. W partii sterczyn, nieraz bardzo skomplikowanych, snycerz wygina drewno jak żywą łodygę, która nie stawia oporu. W gzymsach predelli musiał rozsnuwać twórca sploty uschniętych na poły gałęzi i liści, a w gzymsie głównym szafy rozwijał długą rolkę z listowia. Dorobiona, lecz może podobna do starej, gałąź z bocznymi, długimi konarami, użyta jako Drzewo Jessego w predelli, wykazuje takie same cechy późnogotyckiej maniery, co reszta roślinnych ornamentów ołtarza. Ich istotą jest przy bujności form przedstawienie kruchej, na poły uschniętej roślinności, zgodnej z klimatem „jesieni gotyckiej".

ZMIERZCH GOTYCKIEGO REALIZMU I DALSZE DZIEJE OŁTARZA

U schyłku tej „jesieni", na trzy lata przed odkryciem Nowego Świata, powstało w Krakowie arcydzieło o wielkim znaczeniu dla dziejów sztuki średniowiecznej, które pojawiwszy się na wschodniej krawędzi Europy Środkowej stało się symbolem walki prowadzonej o nowy, bardziej racjonalistyczny stosunek do świata, i to walki na poły zwycięskiej. W ołtarzu Mariackim treści czerpane z realnego świata górują bowiem nad warstwą jakości płynących z idealizmu zarówno subiektywnego, jak obiektywnego, będącego dziedzictwem wcześniejszego średniowiecza, a historycznie biorąc, nieuniknionych jako współczynnik każdego utworu związanego z religijnym poglądem na świat. Uderzający swym napięciem wewnętrzny dramat dzieła polega właśnie na zderzeniu się dwóch systemów wartości, z których bardziej chyba aktualny i wyrazisty utrwalił się dzięki cechującej artystę celności obserwacji i próbie opanowania doświadczanego przez niego życia w całej jego pełni. Formy obiektywnej rzeczywistości łączą się więc na zasadzie symbiozy z religijnymi treściami. Dzieło to nie jest zatem jednorodne i ukazuje syntezę wartości. Dzięki temu, pomimo geniuszu swego twórcy i swej odrębności, jest także typowe, stanowiąc logiczny wykwit kończących się wieków średnich, a równocześnie otwierając perspektywy na czasy nowożytne.

na bardziej racjonalistyczne myślenie i zdobywanie prawdy o doczesnym świecie w drodze obserwacji natury, tak dla Stwosza istotnej.

Tkwiące w dziele artysty przeciwieństwa wiodły do form gwałtownych, do ostrej w wielu partiach ołtarza ekspresji, co wyrażało się także w naruszaniu umownych kanonów i schematów ustalonych przez czas już miniony. Walka ta była jednak krępowana socjalną sytuacją artysty, który mimo swej pasji twórczej i swego polotu należał nie tylko formalnie, lecz także faktycznie, bo swą umysłowością i zakresem swych pojęć, do zapobiegliwej i skomercjalizowanej sfery mieszczańskiej, co musiało oddziaływać na jego dzieło. Regulowany statusem społecznym stosunek mistrza do zbiorowości wywarł, jak się zdaje, wpływ na dobór i charakterystykę ukazanych w ołtarzu postaci. Ludowe rysy jego dzieła wynikają z poczucia wspólnoty ze światem rzemieślniczym, ze zrozumienia pracy fizycznej i losów jej przedstawicieli, wspomaganych dopływem żywiołu wiejskiego. Stanowy w pewnym sensie charakter dzieła artystycznego wyrażał się w tym, że ołtarz został jednak pomyślany i w części ufundowany jako pomnik patrycjatu: wyrażał się również w stosunku mistrza do innych grup miejskich, np. do pospólstwa, którego interesy były — rzecz oczywista — sprzeczne z interesem warstw posiadających. Toteż w ślad za obyczajem wprowadzonym przez sztukę mieszczańską Europy Zachodniej, zwłaszcza Niderlandów, nadaje Stwosz apostołom rysy rzemieślników, królom, kapłanom i znaczniejszym osobistościom rysy patrycjatu, a pachołkom, żołdakom i figurom negatywnym fizjonomie wzorowane na typach z pospólstwa i ludu. Rzecz oczywista, także sylwety chłopów, pasterzy itp. brane były z życia.

Z drugiej strony na dobro mistrza zapisać trzeba, że odstępuje niekiedy od tej zasady, żeby wprowadzić wątki satyryczne i ośmieszyć — raczej z umiarem — niejedną osobistość o wysokiej pozycji społecznej, m. in. kapłanów, co prawda żydowskich. Wiele z tych komicznych przedstawień kryje się w wyżłobionych ramach szafy, gdzie jednak pozostają prawie niewidoczne.

Styl Stwosza, formujący się w trakcie pracy nad ołtarzem, dojrzał dopiero w Krakowie, dzięki czemu stolica Polski odegrała ważką rolę w kształtowaniu się form stylistycznych późnego gotyku. Powstanie tej odmiany ekspresyjnego stylu łamanego, sięgającego swym początkiem 1. połowy wieku, było naturalnym i logicznie uzasadnionym zjawiskiem. Należy ów styl rozumieć bowiem jako schyłkowy przejaw sztuki gotyckiej, wypieranej coraz bardziej przez Renesans, a także jako ostatni zryw średniowiecza w epoce odkrycia Nowego Świata, u progu nowej ery. Sztuka ta dążyła przy tym do wielkiego efektu, jak gdyby w obronie zagrożonych przez Renesans pozycji, drogą wzmocnienia ekspresyjnych, wymownych środków wyrazu, np. przez stosowanie wspaniałych, bujnych, mocno złoconych i rozwiniętych w sposób wręcz nieprawdopodobny elementów stroju, zdobywając się na rozrzutność formy i koloru, co było też następstwem wzmożonej samowiedzy i patry-

cjuszowskiej pychy wzbogaconego mieszczaństwa, które gromadziło nierzadko milionowe
fortuny, udzielało kredytu królom — i zasilało
coraz częściej szeregi szlachty rodowej.

Wit Stwosz nie był tylko kontynuatorem
późnogotyckiego stylu, lecz wziął żywy udział
w jego kształtowaniu. Stał się więc jednym z ko-
ryfeuszów nowej orientacji artystycznej, która
opanowała Europę u schyłku wieków średnich.

Możliwości i zapowiedzi tkwiące w twórczości Stwosza, chociaż naśladowanej, nie mogły
jednak wydać w przyszłości obfitszego plonu.
I to była może istotna tragedia jego sztuki.
Z początkiem w. XVI wtargnął bowiem z Włoch
do Europy Północnej w gotowej postaci Renesans, który rzadko niósł z sobą realistyczne wartości kierunku Donatella, a częściej elementy
nowego klasycyzmu. Renesans ten stanął w po-
przek spóźnionym zdobyczom Stwosza, likwi-
dując w ciągu w. XVI odrębną wizję świata
wypracowaną przez Europę Północną w. XV,
a którą na przełomie wieków wyraziła z wielką
siłą działalność wielkiego artysty.

★   ★   ★

Wit Stwosz przebywał w Krakowie blisko
dwadzieścia lat, tj. do r. 1496, kierując swą
pracownią, zasypywaną wprost zamówieniami.
Parał się zarówno snycerką, jak rzeźbą w kamieniu i marmurze. Wyrzeźbił jeszcze tak piękne
dzieło, jak płaskorzeźba z *Chrystusem w Ogrojcu*,
umieszczona pierwotnie na murach kościoła Mariackiego, znany kamienny krucyfiks mincerza
Slackera w ołtarzu bocznej nawy kościoła (1491)

i wspaniały nagrobek marmurowy Kazimierza Jagiellończyka na Wawelu (od 1492), a w następnych latach nagrobki biskupów Piotra z Bnina w katedrze we Włocławku i Zbigniewa Oleśnickiego (młodszego) w katedrze gnieźnieńskiej. Znanych jest jeszcze trochę dzieł przypisywanych pracowni Stwosza lub jemu samemu, jak dwie grupy św. Anny Samotrzeciej, dwie figury leżących rycerzy w krakowskim Muzeum Narodowym oraz dwie spore drewniane figury świętych na krokształtach filarów nawy katedry wawelskiej, może mniej ekspresyjnych, lecz nacechowanych zawsze wysokim poziomem techniczno-formalnym. Niektóre zaś z wymienionych w źródłach jego dzieł krakowskich uległy zniszczeniu. Nie wiadomo, co skłoniło pięćdziesięcioletniego zapewne wówczas Stwosza do przeniesienia się na stałe do Norymbergi po wielu pełnych powodzenia i sławy latach pobytu w Krakowie. Jedno wydaje się pewne, że w zasadzie wyjechał do Norymbergi na krótko, po czym pobyt czasowy zamienił się na stały. Jeszcze bowiem w październiku r. 1496 spodziewano się w Krakowie jego powrotu.

Okres norymberski przyniósł artyście same rozczarowania, a nawet zgotował mu los zgoła tragiczny, co zatruło ostatnią tercję jego życia. Na skutek nikczemnego manewru finansowego Jakuba Bonera, faktora spółki Betmanów i Bonerów krakowskich, oraz Starzedela Stwosz nie tylko utracił większą część zdobytego w Krakowie majątku, lecz, jak o tym wspomniano, w związku z fałszerstwem kwitu, przy którego pomocy chciał odzyskać od Bonera swą wierzytelność, został publicznie, zgodnie zresztą z ówczesnym prawem, napiętnowany przez kata. Borykał się z władzami miejskimi i rozlicznymi przeciwnościami do końca życia, które wlokło się jak ponury romans. Na starość podobno oślepł. Zmarł w r. 1533 jako starzec w wieku około osiemdziesięciu pięciu lat. Tak zaawansowany wiek był wówczas rzadkością: potwierdzał więc silną konstytucję fizyczną i żywotność artysty. W Norymberdze Stwosz kontynuował swą twórczość znaną z około dwudziestu utworów. Wkrótce po wyjeździe z Polski, bo w r. 1499, odkuł w kamieniu umieszczony w norymberskim kościele Św. Sebalda, a złożony z trzech scen pasyjnych tryptyk Volckamera, nad którym ustawiono przy ścianie dwie spore drewniane figury Chrystusa Bolesnego i Matki Boskiej Bolesnej. W r. 1503 odbierał należność za ołtarz w tyrolskim Schwazu oraz namalował cztery sceny z żywota św. Kiliana, tworzące skrzydło tryptyku w Münnerstadt. Około r. 1505 wyrzeźbił umieszczony na jego własnym domu posąg Madonny. W r. 1507 ukończył posągi Matki Boskiej i św. Jana Ewangelisty znowu w kościele Św. Sebalda. W tym samym czasie i w tymże kościele umieścił posąg św. Andrzeja. Również z tych lat (około 1507) pochodzi jego figura św. Krzysztofa, która zawędrowała aż do Florencji. Londyn posiadł tzw. Bukszpanową Madonnę z około r. 1510, a *Zaśnięcie Matki Boskiej*, datowane tak samo, wzbogaciło Zbiory Wettinów. Słynne *Pozdrowienie anielskie* z r. 1518, skomponowane w owalnym otoku, zawieszono w norymberskim kościele Św. Wawrzyńca.

W Muzeum Germańskim w tejże Norymberdze znalazła się jego dłuta Madonna z Weinmarkt, datowana na czas około r. 1520.

Wykonał też Stwosz sporo krucyfiksów, wyprzedzonych krakowskim posągiem w kościele Mariackim. Na czas około r. 1500 datuje się figurę Ukrzyżowanego w norymberskim kościele Św. Wawrzyńca i drugą z kościoła Św. Ducha w wymienionym Muzeum Germańskim. Do późniejszych należą charakterystyczne krucyfiksy: Mikołaja Wickla u Św. Sebalda, drugi na zamku norymberskim, trzeci w kościele Św. Piotra w Monachium, przeniesiony do kościoła parafialnego w Jengen, wszystkie z około r. 1520. Już w swoim krakowskim dziele artysta ustalił jakby „renesansowy" posągowy, realistyczny styl Chrystusa, nie mający już nic wspólnego z wychudłym, idealistycznie traktowanym lub ekspresyjnym, pojmowanym mistycznie ciałem Jezusa z wcześniejszej fazy gotyku, a przy tym obdarzony specyficznym obliczem, wyrażającym stonowany ból i rezygnację. Tego rodzaju postacie Ukrzyżowanego stały się wzorem dla krajów ościennych, przy czym warto pamiętać, że ewolucja typu Stwoszowskiego zaczęła się w Krakowie.

Do bardzo późnych dzieł rzeźbiarza należy już wykonany około r. 1523 ołtarz Św. Salwatora, przeznaczony dla norymberskiego kościoła Karmelitów, dzisiaj w Bambergu, ołtarz o strukturze dość wyraźnie zdeterminowanej Renesansem.

Wśród wymienionych dzieł można wyróżnić wiele prawdziwie wybitnych, ale mimo wszystko lot sztuki Stwosza nigdy już nie wzniósł się tak wysoko, jak w czasie jego pobytu nad Wisłą.

★ ★ ★

Ołtarz Mariacki Stwosza oraz inne jego utwory, wykonane dla Krakowa i w ogóle Polski, spełniały tymczasem swe normalne funkcje zarówno natury liturgicznej, jak artystycznej. Sztuka Stwosza wywierała przemożny wpływ na naszą plastykę końca XV i 1. ćwierci w. XVI. Oddziaływała zaś nie tylko na rozwój rzeźby, której dzieła mnożyły się w tym czasie w sposób bardzo wydatny, lecz także na rozwój malarstwa. Było to zrozumiałe wobec wagi artystycznej ołtarza Mariackiego oraz faktu, że jego płaskorzeźby były także pewnego rodzaju obrazami. Toteż w malowanych tryptykach, rozproszonych po kościołach Polski, a szczególnie Małopolski, wykrywa się często elementy stwoszowskiego realizmu, wzbogacenie galerii typów fizjonomicznych oraz bujne, ,,małżowinowe'' draperie. Nie można, rzecz jasna, sprowadzać wszystkich tych zjawisk do wspólnego mianownika oddziaływań tylko sztuki Stwosza i jego pracowni, lecz nie ulega wątpliwości, iż udział Stwosza w kształtowaniu się późnogotyckiej rzeźby i malarstwa był bardzo wybitny. Styl mistrza oddziałał także na Śląsk, Czechy, Węgry, Siedmiogród, Austrię i Niemcy. Nie można wykluczyć, że w jego krakowskiej pracowni byli zatrudnieni oprócz malarza Łukasza z Wrocławia także snycerze pochodzenia śląskiego, bo np. wśród rzeźb łączonych z pra-

(168)

cownią Jakuba Beinharta we Wrocławiu spotyka się nadzwyczaj często motywy stwoszowskie, m. in. głowy męskie w fantastycznych czapach, z długimi, taflowymi brodami, podobne do niektórych figurek w obramowaniach krakowskiego ołtarza oraz do postaci Boga Ojca pod baldachimem szczytowym. Ołtarz świdnicki z r. 1492 jest natomiast jak gdyby pogrubioną i pomniejszoną częściową przynajmniej kopią ołtarza krakowskiego, zresztą nie jedyną na Śląsku — oraz w Wielko- i Małopolsce. W ten sposób styl, wypracowany w znacznym stopniu w Krakowie, szerzył się po różnych krajach Europy.

Dzięki Stwoszowi, ale także dzięki sobie, tj. społeczeństwu krakowskiemu, swojej kulturze i atmosferze artystycznej, Kraków brał aktywny udział w tworzeniu wartości artystycznych.

* * *

Ołtarz Mariacki, jak wszystkie dzieła rąk ludzkich, posiadał ograniczoną trwałość. Pomimo swego artyzmu nie zawsze też odpowiadał przeciętnym gustom społecznym w związku ze zmiennymi w ciągu wieków poglądami na sztukę. Celem zahamowania procesu destrukcji trzeba go było naprawiać. Poważniejsza odnowa ołtarza, dokonana kosztem Rady Miejskiej, odbyła się około połowy w. XVII, przy czym ślady tej konserwacji, polegającej w znacznym stopniu na przemalowaniu rzeźby, były widoczne do r. 1932—33, a nawet dłużej. Kiedy w w. XVIII barok stał się już stylem powszechnym, ołtarz

Mariacki, dzieło późnego gotyku, sprzeczn z teoriami baroku i pojęciami w rodzaju *belezza, grazia, idea del bello, noblesse, grandeur* itp., jak również z przeciętnym smakiem, miał być w 2. połowie stulecia usunięty i zastąpiony nowym. Uratowała go śmierć zwolennika baroku, proboszcza kościoła, ks. Jacka Łopackiego. Pod koniec wieku, bo w r. 1795, przeprowadzono natomiast powierzchowną renowację zabytku, który był osłabiony w swej strukturze i zrujnowany w szczegółach. Stosunek do ołtarza zmienił się całkowicie w 1. połowie w. XIX w związku z romantyzmem i entuzjazmem dla gotyku, co przejawiło się w próbach jego odrodzenia, a także w powstaniu stylu neogotyckiego, opartego głównie na gotyku angielskim. Ambroży Grabowski, niestrudzony badacz starożytności krakowskich, wydobył z mroku dziejów zapomniane nazwisko Stwosza i w wyniku tego projektowano dokładną i kompletną restaurację czołowego pomnika krakowskiej rzeźby gotyckiej, która jednak nie doszła do skutku zapewne z powodu złego gospodarczego położenia miasta.

Prasa krakowska zanotowała skwapliwie, że Thorvaldsen w przejeździe przez Kraków, chociaż neoklasyk, rozpoznał w poliptyku wielkie dzieło sztuki, a w r. 1852 najwybitniejszy malarz polskiego romantyzmu, Piotr Michałowski, żądał specjalnej ochrony dla poliptyku, jak pisał, „w swoim rodzaju prawie jedynego i na uwielbienie największych artystów zasługującego, będącego dumą sztuki polskiej". W przeczuciu nowoczesnych zasad konserwacji proponował, żeby „co jeszcze pozostało z dłuta wielkiego artysty (...), zostawić nietkniętym". Niewątpliwie pewną rolę w dokonanej przez niego ocenie zabytku odegrał wspomniany kult romantyzmu dla czasów średniowiecza, lecz w opisanym przypadku przejawił się także osobisty sąd wrażliwego malarza, który dodał jeszcze, mając zapewne na myśli smutne dzieje nagrobka papieża Juliusza II, że nawet Michał Anioł „nie zawsze mógł podołać takiemu przedsięwzięciu".

Odnowienie poliptyku uskuteczniono więc dopiero w latach 1866—71 po przeznaczeniu na ten cel poważnych kwot pieniężnych. Przy tej sposobności krystalizowały się zasady konserwacji zabytków, lecz nie bez trudności. Doszło do gwałtownego sporu między Władysławem Łuszczkiewiczem, sekretarzem Komitetu Restauracji Ołtarza, a resztą członków tego Komitetu. Łuszczkiewicz, popierany przez Matejkę, zaskoczył ich brakiem konsekwencji. Aczkolwiek w swych pismach występował „przeciw mniemanym upiększeniom" zabytków, w odniesieniu do dzieła Stwoszowskiego zmienił swój pogląd i wysunął pomysł zmiany i rozbudowy części szczytowej przez dodanie wieżyczek, a to celem podwyższenia całości, żeby nadać dziełu bardziej gotycki charakter. Wprawdzie wieżyczki tego rodzaju lub raczej spiczaste, ażurowe hełmy najprawdopodobniej uprzednio istniały, jednakże ich wygląd z braku ikonograficznej dokumentacji był nieznany. Łuszczkiewicz groził nawet ustąpieniem z Komitetu. Jednakże stanowczy sprzeciw konserwatora Pawła Popiela uratował zastany wygląd poliptyku zgodnie z wcześniej przedłożoną przez Piotra Michałowskiego tezą o nienaruszalności dzieła. W toku podjętych przy ołtarzu robót zdemontowano i wymieniono częściowo jego armaturę na nową, uzupełniono części rzeźb i ornamentów, złocono ołtarz i odnowiono polichromię, jednakże zabiegi te nie były niestety oparte na głębszej znajomości sztuki średniowiecznej, jak zresztą większość prac tego rodzaju, podejmowanych w w. XIX nie tylko w Polsce. Zamiast zasady konserwacji, stosowano zasadę renowacji, co spowodowało m. in. przemalowanie polichromii. Co więcej, usunięto tło architektoniczne ze sceny *Zwiastowania* i namalowano nowe. Zdjęto też całkowicie dawną farbę z desek górnej części kwater na skrzydłach, w czego wyniku i obecny błękit tych partii jest nowy. Również predellę, z wyjątkiem ocalałych, choć rozproszonych w jej obrębie figurek królów i proroków wykonał na nowo snycerz Molinkiewicz, lecz w tym przypadku nie było innego wyjścia, ponieważ pierwotna uległa niemal w całości zniszczeniu.

Błędy te postanowiono w granicach możliwości naprawić przy sposobności późniejszych prac konserwatorskich, podjętych przy ołtarzu w latach 1932—33. Plan ówczesnych robót, kierowanych przez konserwatora państwowego w Warszawie, Jana Rutkowskiego, przewidywał naprawienie szkód, usunięcie oszpeceń i przywrócenie w granicach możliwości pierwotnego wyglądu dzieła. Sukcesem tej restauracji było częściowo przynajmniej odsłonięcie pierwotnej polichromii i odnalezienie wielu teł pejzażowych. Ale i te prace zostały wykonane zaledwie połowicznie z braku odpowiedniej decyzji i ograniczonych funduszów. W tym stanie ołtarz prze-trwał do wybuchu II wojny światowej. W prze-widywaniu rabunkowych metod hitlerowskich Niemiec uczeni polscy postanowili ratować oł-tarz w ostatnich dniach przed wybuchem woj-ny. Z braku innych środków lokomocji wywie-ziono figury na galarach Wisłą w kierunku Sandomierza. Było już jednak za późno. Trans-port wpadł w ręce okupanta (który wkrótce przystąpił do rozbiórki także szafy ołtarzowej, pozostałej w kościele). W początkach r. 1940 ołtarz wraz z wieloma innymi dziełami sztuki polskiej został wywieziony do Niemiec. Na-przód był zdeponowany w Banku Rzeszy w Ber-linie, po czym umieszczony w schronie, urzą-dzonym pod zamkiem w Norymberdze, gdzie w ostatnim roku wojny znalazł się w nieodpo-wiednich warunkach konserwacyjnych. Roze-brany na części i przygnieciony innymi zabyt-kami, uległ wówczas częściowemu zniszczeniu, przy czym drewno, zwłaszcza predelli, zostało zaatakowane przez pasożyta, tzw. kołatka (*ano-bium*). W akcji odnalezienia i rewindykacji ołta-rza brał żywy udział prof. K. Estreicher.

Ołtarz został przywieziony w dniu 30 kwie-tnia r. 1946 do Krakowa. Z dworca kolejowego skrzynie z częściami ołtarza przetransportowano na Wawel, po czym niemal od razu zarządzono przeprowadzenie gruntownej jego konserwacji. Akcją tą kierowało Ministerstwo Kultury i Sztu-ki, ściślej podległa Ministerstwu Naczelna Dy-rekcja Muzeów i Ochrony Zabytków. W tym celu założono w jednym z nowszych budynków zamku wawelskiego Państwową Pracownię Konserwacji Malarstwa (filia Kraków), której kierownikiem został mianowany konserwator Marian Słonecki. Oprócz kierownika przy konserwacji ołtarza zajętych było osiemnaście osób. Prace konserwatorskie trwały około czterech lat, bo od 2 maja r. 1946 do wiosny r. 1950. Wydano na nie około 12 000 000 ówczesnej wartości złotych. Długi okres, przeznaczony na konserwację zabytku, znaczna ilość osób przy niej zatrudnionych, jak również poważne koszta tej pracy są dowodem, że doceniając wyjątkową wartość zabytkową i artystyczną ołtarza, zrobiono wszystko, co leżało w ludzkiej mocy, żeby go naprawić, zabezpieczyć przed dalszym zniszczeniem oraz drogą gruntownych prac odkrywczych przywrócić do pierwotnego wyglądu. Wytępiono więc całkowicie szkodniki drogą gazowania odpowiednich części poliptyku dwusiarczkiem węgla (CS_2), dokonano wytrucia pasożytów zastrzykami sublimatu, po czym zakitowano otworki wylotowe. Odwrotne strony rzeźb pokryto minią (tlenkiem ołowiu). Braki w samym drewnie uzupełniono klinami z drzewa lipowego, a części odłamane osadzono na czopach lipowych. Usunięto z kolei wszystkie późniejsze przemalówki, odsłonięto jego dawne, na ogół bardzo intensywne kolory i wypunktowano miejsca pozbawione pierwotnych warstw farby. Sprawa komplikowała się przez to, że dawna farba była nieraz zdarta na dużych przestrzeniach. Na szczęście wszędzie odnalazły się przynajmniej drobne ślady pierwotnych barw, do których można było dostosować nowe. Stąd wysoki procent pewności, że efekt polichromii jest prawie identyczny z pierwotnym.

Prace odkrywcze i rekonstrukcyjne objęły około 80% polichromii, na skutek czego ołtarz zmienił zasadniczo fałszywy wygląd, jaki mu nadały różne, kolejne przemalówki — i pod względem zwłaszcza malarskim stał się nie znaną dotychczas ani nam, ani w ogóle światu rewelacją artystyczną. W maju r. 1957 po przekazaniu ołtarza przez władze państwowe kościołowi Panny Marii ujrzały go oczy krakowian w takiej samej prawie postaci, w jakiej ich przodkowie oglądali go w r. 1489, bezpośrednio po ukończeniu dzieła przez Wita Stwosza.

* * *

Ołtarz Mariacki jest dziełem indywidualnego twórcy: jest wyrazem jego profesjonalnej wiedzy, jego poglądu na świat, a także właściwego mu poczucia wielkiej formy. Gdyby brakło rzeźbiarza, nie byłoby dzieła. Z drugiej strony jego działanie nie miało ani charakteru autonomicznego, ani czysto kreacyjnego. Wit Stwosz pojawił się jako symptomatyczny produkt swego czasu i określonego środowiska, w związku z czym jego sztukę trzeba było analizować w kategoriach czasu i przestrzeni nie tylko w sensie synchronicznym, lecz i diachronicznym. Była ona bowiem owocem długich lat ewolucji artystycznej: rozwijała się i dojrzewała na rozległym obszarze Niemiec, Austrii, pośrednio także Niderlandów (choćby dzięki wpływom Mikołaja z Lejdy), skrystalizowała się jednakże w Krakowie, gdzie mistrz znalazł się w przyjaznym sztuce klimacie kulturowym. W jego dziele uwidocznił się zawiły splot różnorodnych, trudnych często do uchwycenia faktów i sytuacji historyczno-genetycznych, odbiła się w niej samowiedza stanu trzeciego, który zawdzięczał swój awans rozwiniętej gospodarce towarowo-pieniężnej, a w przypadku Krakowa jeszcze stosunkom handlowym, szczególnie z Wrocławiem i Norymbergą. Sztuka Stwosza, aczkolwiek w znacznej mierze samodzielna i odkrywcza, wywodziła się z tradycyjnych przesłanek kulturowych, które tkwiąc w odległej na ogół przeszłości, wykazywały zadziwiającą trwałość. Na zrębie dziedzictwa historycznego nawarstwiły się nowe wartości i przy wydatnym udziale krakowskiego mistrza dojrzały w okresie „jesieni gotyckiej". Wypadnie więc uznać Stwosza za klasycznego przedstawiciela swego — pełnego blasku — czasu, który wyprzedził bezpośrednio odkrycie Nowego Świata.

Figury ołtarza zostały ukształtowane z gwałtowną ekspresją, lecz — na ogół biorąc — bez nalotów mistycznych i ekstazy. Stany ekstatyczne nie godziły się widać z mieszczańskim i pragmatycznym realizmem, który był mimo aktywności innych składników duchowych — najbardziej trwałą cechą artysty, nieodrodnego syna swego czasu i środowiska. Manifestacja ekstazy, tak istotna dla w. XVII, była na ogół biorąc obca rzeczowej sztuce schyłku średniowiecza, i to nawet w utworach nie pozbawionych czynnika przesady, od której Stwosz przy całym swoim realizmie nie był przecież wolny. Cechą główną dzieł mistrza pozostała konkretna przedmiotowość i konsekwentna substancjonalność, dyktowana przywiązaniem do żywych ludzi, do przedmiotów, do realnego, fizycznego świata.

NOTA BIBLIOGRAFICZNA

Wstępne rozdziały ogólne opierają się na obszernej literaturze traktującej o kulturze wieków średnich, m. in. na książce: J. Huizinga, *Jesień średniowiecza*, Warszawa 1967. Rozdział poświęcony środowisku krakowskiemu bazuje głównie na literaturze polskiej, m. in. na pracy autora pt. *Życie, twórczość i znaczenie społeczne artystów polskich i w Polsce pracujących w okresie późnego gotyku (1440—1520)*, Wrocław—Warszawa—Kraków 1965 (hasła: Stwosz Maciej, Stwosz Stanisław, przede wszystkim Stwosz Wit). Prawie pełną bibliografię traktującą o życiu i twórczości Wita Stwosza podaje ks. Szczęsny Dettloff, *Wit Stosz*, Wrocław 1961. Obfite informacje na temat literatury stwoszowskiej zawiera także cytowana publikacja autora: *Życie, twórczość i znaczenie ... artystów...* Dodać też trzeba pozycje: T. Dobrowolski i J. Dutkiewicz, *Wit Stwosz, Ołtarz krakowski* (Album), Warszawa 1951, Z. Kępiński, *Wit Stwosz w starciu ideologii religijnych Odrodzenia. Ołtarz Salwatora*, Wrocław—Warszawa—Kraków 1969. Na temat rysunków artysty wypowiedziano się ostatnio w artykule: Gyöngyj Török, *Eine unbekannte Veit-Stoss-Zeichnung* (Acta Historiae Artium XVII, Budapest 1971). Na temat łuku i prostokąta szafy ołtarza wypowiedział się J. Białostocki, *Uwagi o formie obramowania środkowej części ołtarza Mariackiego* (w:) *Ars Una*, Poznań 1976. Uwagi o związkach predelli ołtarza z grafiką Ysrahela van Meckenem zawiera praca Jana Samka: *Nieznane źródło inspiracji predelli ołtarza Wita Stwosza w kościele Mariackim w Krakowie* (Folia Historiae Artium, t. XV, 1979). Ilustracje zostały zaczerpnięte z cytowanego albumu, dla którego zdjęcia fotograficzne wykonał Stanisław Kolowca.

SPIS RYCIN

(Uwaga : Prawa lub lewa strona skrzydeł zostały określone heraldycznie, tj. nie od strony widza, lecz przedmiotu).

1. *Wnętrze kościoła Mariackiego*
2. *Ołtarz Mariacki zamknięty*
3. *Ołtarz Mariacki otwarty*
   Predella i szafa
4. *Predella*
5. *Zaśnięcie Matki Boskiej*
6. *Wniebowzięcie Matki Boskiej*
7. *Koronacja Matki Boskiej*

Skrzydła
Uwaga : Poszczególne kwatery zostały ułożone nie podług następstwa w ołtarzu, lecz następstwa czasowego

8. *Spotkanie Joachima ze św. Anną i modlitwa św. Joachima (Prawe skrzydło tylne, kwatera górna)*
9. *Narodziny Marii (Prawe skrzydło tylne, kwatera środkowa)*
10. *Ofiarowanie Marii w świątyni (Prawe skrzydło tylne, kwatera dolna)*
11. *Zwiastowanie (Prawe skrzydło otwarte, kwatera górna)*
12. *Boże Narodzenie (Pokłon Pasterzy) (Prawe skrzydło otwarte, kwatera środkowa)*
13. *Hołd Trzech Króli (Prawe skrzydło otwarte, kwatera dolna)*
14. *Ofiarowanie Chrystusa w świątyni (Prawe skrzydło zamknięte, kwatera dolna)*
15. *Chrystus wśród uczonych (Prawe skrzydło zamknięte, kwatera środkowa)*
16. *Pojmanie Chrystusa (Prawe skrzydło zamknięte, kwatera górna)*
17. *Ukrzyżowanie (Lewe skrzydło zamknięte, kwatera górna)*
18. *Opłakiwanie Chrystusa (Lewe skrzydło zamknięte, kwatera środkowa)*

19. *Złożenie do grobu* (*Lewe skrzydło zamknięte, kwatera dolna*)
20. *Chrystus w otchłani* (*Lewe skrzydło tylne, kwatera górna*)
21. *Zmartwychwstanie* (*Lewe skrzydło otwarte, kwatera górna*)
22. *Trzy Marie u grobu* (*Lewe skrzydło tylne, kwatera środkowa*)
23. *Chrystus ogrodnik* (*ze św. Magdaleną*) (*Lewe skrzydło tylne, kwatera dolna*)
24. *Wniebowstąpienie* (*Lewe skrzydło otwarte, kwatera środkowa*)
25. *Zesłanie Ducha Świętego* (*Lewe skrzydło otwarte, kwatera dolna*)
26. *Umierająca Maria* (*Szafa, fragment Zaśnięcia*)
27. *Św. Jakub i Maria* (*Szafa, fragment Zaśnięcia*)
28. *Św. Piotr* (*Szafa, fragment Zaśnięcia*)
29. *Św. Jan Ewangelista* (*Szafa, fragment Zaśnięcia*)
30. *Potomek Jessego* (*Predella, fragment Drzewa Jessego*)
31. *Potomek Jessego w koronie* (*Predella, fragment Drzewa Jessego*)
32. *Potomek Jessego* (*Predella, fragment Drzewa Jessego*)
33. *Potomek Jessego* (*Predella, fragment Drzewa Jessego*)
34. *Głowa apostoła* (*Szafa, fragment Zaśnięcia*)
35. *Głowa św. Piotra* (*Szafa, fragment Zaśnięcia*)
36. *Głowa św. Jana Ewangelisty* (*Szafa, fragment Zaśnięcia*)
37. *Głowa apostoła* (*Szafa, fragment Zaśnięcia*)
38. *Głowa apostoła ze splecionymi rękoma, tzw. św. Macieja* (*Szafa, fragment Zaśnięcia*)
39. *Głowy apostołów* (*Lewe skrzydło otwarte, kwatera dolna, fragment Zesłania Ducha Św.*)
40. *Głowa apostoła* (*Szafa, fragment Zaśnięcia*)
41. *Portret własny Stwosza(?)* (*Lewe skrzydło zamknięte, kwatera górna, fragment Ukrzyżowania*)
42. *Głowa proroka* (*Obramowanie szafy*)
43. *Głowa proroka; typ z bujnym zarostem* (*Obramowanie szafy*)

44. *Głowa jednej z trzech Marii (Lewe skrzydło zamknięte, kwatera środkowa, fragment Opłakiwania)*
45. *Głowa Matki Boskiej (Prawe skrzydło otwarte, kwatera dolna, fragment Hołdu Trzech Króli)*
46. *Głowa Marii Magdaleny (Lewe skrzydło tylne, kwatera dolna, fragment Chrystusa ogrodnika)*
47. *Anioł z lutnią (Szafa, fragment Wniebowzięcia Matki Boskiej)*
48. *Anioł z organkami (Szafa, fragment Wniebowzięcia Matki Boskiej)*
49. *Anioł opierzony (Prawe skrzydło otwarte, kwatera środkowa, fragment Pokłonu pasterzy)*
50. *Prorok z nakrytą głową (Obramowanie szafy)*
51. *Prorok (?) w turbanie (Obramowanie szafy)*
52. *Prorok (?); młodzieniec w turbanie (Obramowanie szafy)*
53. *Prorok (?) z owiniętą głową (Obramowanie szafy)*
54. *Diabeł (Lewe skrzydło tylne, kwatera górna, fragment Chrystusa w otchłani)*
55. *Głowa diabła (Lewe skrzydło tylne, kwatera górna, fragment Chrystusa w otchłani)*
56. *Zbawieni z otchłani (Lewe skrzydło tylne, kwatera górna)*
57. *Ewa (Lewe skrzydło tylne, kwatera górna)*
58. *Uczeni w piśmie (Prawe zamknięte skrzydło, kwatera środkowa, fragment Chrystusa wśród uczonych)*
59. *Głowa Kallimacha(?) (Prawe zamknięte skrzydło, kwatera środkowa, fragment Chrystusa wśród uczonych)*
60. *Heydeke-Mirika(?) (Prawe zamknięte skrzydło, kwatera środkowa, fragment Chrystusa wśród uczonych)*
61. *Młodsi dyskutanci (Prawe zamknięte skrzydło, kwatera środkowa, fragment Chrystusa wśród uczonych)*
62. *Św. Piotr i Malchus (Prawe skrzydło zamknięte, kwatera górna, fragment Pojmania)*
63. *Głowa siepacza (Prawe skrzydło zamknięte, kwatera górna, fragment Pojmania)*
64. *Głowy siepaczy (Prawe skrzydło zamknięte, kwatera górna, fragment Pojmania)*

65. Św. Anna ·z gołębicą (Prawe skrzydło zamknięte, kwatera dolna, fragment Ofiarowania Chrystusa)
66. Św. Hieronim (Prawy żagielek nad łukiem szafy)
67. Dłonie Marii i św. Jakuba(?) (Szafa, fragment Zaśnięcia)
68. Dłonie apostoła z kadzielnicą (Szafa, fragment Zaśnięcia)
69. Nogi apostoła (Szafa, fragment Zaśnięcia)
70. Stopa anioła (Lewe skrzydło otwarte, kwatera środkowa, fragment Wniebowstąpienia)
71. Służebna z dzbanem (Prawe skrzydło tylne, kwatera środkowa, fragment Narodzin Marii)
72. Apostoł w płaszczu rozciętym (Lewe skrzydło otwarte, kwatera środkowa, fragment Wniebowstąpienia)
73. Jeden z mężczyzn w płaszczu kolistym (Lewe skrzydło zamknięte, kwatera środkowa, fragment Opłakiwania)
74. Setnik w kubraku i mężczyzna w szubie z potrzebami (Wit Stwosz?) (Lewe skrzydło zamknięte, kwatera górna, fragment Ukrzyżowania)
75. Szaty o fałdach małżowinowych (Prawe skrzydło tylne, kwatera górna, fragment Spotkania Joachima ze św. Anną)
76. Szaty o fałdach łamanych (Lewe skrzydło zamknięte, kwatera środkowa, fragment Opłakiwania)
77. Typ wschodni z plecionymi wąsami i w okrągłej czapeczce (Prawe skrzydło otwarte, kwatera dolna, fragment Hołdu Trzech Króli)
78. Młodzieniec w kapturze-chuście (Lewe skrzydło zamknięte, kwatera środkowa, fragment Opłakiwania)
79. Król w turbanie (Prawe skrzydło otwarte, kwatera dolna, fragment Hołdu Trzech Króli)
80. Położna w czepcu (Prawe skrzydło tylne, kwatera środkowa, fragment Narodzin Marii)
81. Rycerz w zbroi norymberskiej (Baldachim nad Wniebowzięciem Marii)
82. Żołdak w zbroi fantastycznej i pancerzu łuskowym (Prawe skrzydło zamknięte, kwatera górna, fragment Pojmania)

83. *Trzewik ze sprzączkami (Prawe skrzydło tylne, kwatera górna, fragment Spotkania Joachima ze św. Anną)*

84. *Buty spiczaste (poulaines) z ostrogami (Prawe skrzydło otwarte, kwatera dolna, fragment Pokłonu Trzech Króli)*

85. *Tasak z trzema zapasowymi nożami (Lewe skrzydło zamknięte, kwatera górna, fragment Ukrzyżowania)*

86. *Puszka puklowana (Prawe skrzydło otwarte, kwatera dolna, fragment Hołdu Trzech Króli)*

87. *Pulpit z księgami i dzban z misą (Prawe skrzydło otwarte, kwatera górna, fragment Zwiastowania)*

88. *Księga otwarta (Lewe skrzydło otwarte, kwatera dolna, fragment Zesłania Ducha Św.)*

89. *Ława-skrzynia (Lewe skrzydło otwarte, kwatera dolna, fragment Zesłania Ducha św.)*

90. *„Martwa natura" z ławą (Prawe skrzydło tylne, kwatera środkowa, fragment Narodzin Marii)*

91. *Górzysty krajobraz z zamkiem (Lewe skrzydło zamknięte, kwatera dolna, fragment Złożenia do grobu)*

92. *Zamek skalny (Prawe skrzydło otwarte, kwatera środkowa, fragment Pokłonu pasterzy)*

93. *Zagroda pasterska i zamek (Prawe skrzydło otwarte, kwatera dolna, fragment Bożego Narodzenia) (Pokłonu pasterzy)*

94. *Pagóry z drzewami i kościołami (Lewe skrzydło zamknięte, kwatera górna, fragment Ukrzyżowania)*

95. *Konwalia i osty (Lewe skrzydło tylne, kwatera dolna, fragment tablicy z Chrystusem ogrodnikiem)*

96. *Mniszek lekarski (Lewe skrzydło tylne, kwatera środkowa, fragment tablicy z Trzema Mariami u grobu)*

97. *Rozeta ze stylizowanego mniszka lekarskiego (?) (Lewe skrzydło otwarte, kwatera górna, fragment sceny Zmartwychwstania)*

98. *Fiołek wonny (Prawe skrzydło otwarte, kwatera dolna, fragment Hołdu Trzech Króli)*

99. *Walec kołowrotu na strychu kościoła Mariackiego; rys. Instytutu Historii Architektury i Konserwacji Zabytków Politechniki Krakowskiej.*

SPIS TREŚCI

Epoka (5)
Środowisko (41)
Wit Stwosz w Krakowie (61)
Ołtarz jako dzieło sztuki (87)
Ołtarz jako zwierciadło życia (135)
Zmierzch gotyckiego realizmu i dalsze dzieje ołtarza (161)
Nota bibliograficzna (178)

Spis rycin (179)
Ilustracje

ILUSTRACJE

1. Wnętrze kościoła Mariackiego

2. Ołtarz Mariacki zamknięty

3. Ołtarz Mariacki otwarty

4. Predella

5. Zaśnięcie Matki Boskiej

6. Wniebowzięcie Matki Boskiej

7. Koronacja Matki Boskiej

3. Spotkanie Joachima ze św. Anną i modlitwa św. Joachima
(Prawe skrzydło tylne, kwatera górna)

9. Narodziny Marii (Prawe skrzydło tylne, kwatera środkowa)

10. Ofiarowanie Marii w świątyni (Prawe skrzydło tylne, kwatera dolna)

11. Zwiastowanie (Prawe skrzydło otwarte, kwatera górna)

12. Boże Narodzenie (Pokłon Pasterzy) (Prawe skrzydło otwarte, kwatera środkowa)

13. Hołd Trzech Króli (Prawe skrzydło otwarte, kwatera dolna)

4. Ofiarowanie Chrystusa w świątyni (Prawe skrzydło zamknięte, kwatera dolna)

15. Chrystus wśród uczonych (Prawe skrzydło zamknięte
kwatera środkowa)

6. Pojmanie Chrystusa (Prawe skrzydło zamknięte, kwatera górna)

17. Ukrzyżowanie (Lewe skrzydło zamknięte, kwatera górna

18. Opłakiwanie Chrystusa (Lewe skrzydło zamknięte, kwatera środkowa)

19. Złożenie do grobu (Lewe skrzydło zamknięte, kwatera dolna)

20. Chrystus w otchłani (Lewe skrzydło tylne, kwatera górna)

21. Zmartwychwstanie (Lewe skrzydło otwarte, kwatera górna

22. Trzy Marie u grobu (Lewe skrzydło tylne, kwatera środkowa)

23. Chrystus ogrodnik (ze św. Magdaleną) (Lewe skrzydło tylne, kwatera dolna)

4. Wniebowstąpienie (Lewe skrzydło otwarte, kwatera środkowa)

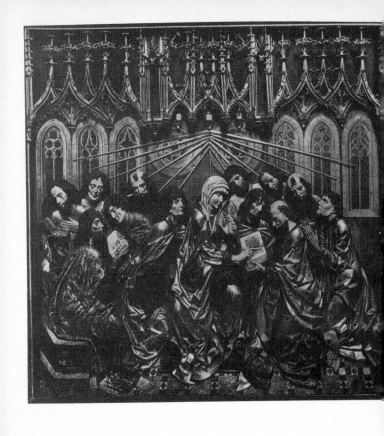

25. Zesłanie Ducha Świętego (Lewe skrzydło otwarte, kwatera dolna)

26. Umierająca Maria (Szafa, fragment Zaśnięcia)

27. Św. Jakub i Maria (Szafa, fragment Zaśnięcia)

28. Św. Piotr (Szafa, fragment Zaśnięcia)

29. Św. Jan Ewangelista (Szata, fragment Zaśnięcia)

30. Potomek Jessego (Predella, fragment Drzewa Jessego)

31. Potomek Jessego w koronie (Predella, fragment Drzewa Jessego)

32. Potomek Jessego (Predella, fragment Drzewa Jessego)

33. Potomek Jessego (Predella, fragment Drzewa Jessego)

34. Głowa apostoła (Szafa, fragment Zaśnięcia)

35. Głowa Św. Piotra (Szafa, fragment Zaśnięcia)

6. Głowa św. Jana Ewangelisty (Szafa, fragment Zaśnięcia)

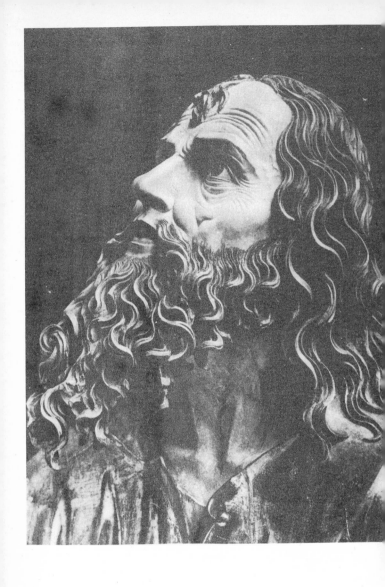

37. Głowa apostoła (Szafa, fragment Zaśnięcia)

38. Głowa apostoła ze splecionymi rękoma, tzw. św. Macieja (Szafa, fragment Zaśnięcia)

39. Głowy aposto-
łów (Lewe skrzydło
otwarte, kwatera
dolna, fragment Ze-
słania Ducha Św.)

40. Głowa apostoła (Szafa, fragment Zaśnięcia)

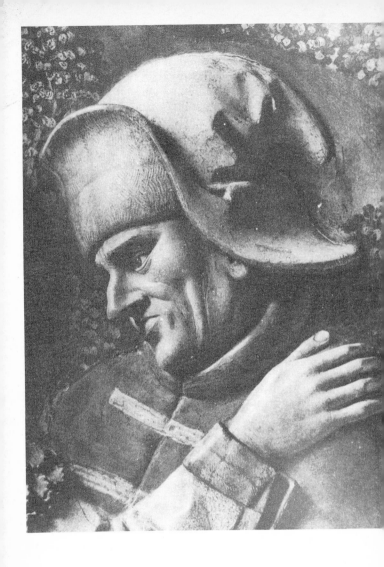

41. Portret własny Stwosza(?) (Lewe skrzydło zamknięte, kwa
tera górna, fragment Ukrzyżowania)

42. Głowa proroka (Obramowanie szafy)

43. Głowa proroka; typ z bujnym zarostem (Obramowanie szafy)

44. Głowa jednej
z trzech Marii
(Lewe skrzydło
zamknięte,
kwatera środkowa,
fragment Opłakiwania)

45. Głowa Matki Boskiej (Prawe skrzydło otwarte, kwatera dolna, fragment Hołdu Trzech Króli)

46. Głowa Marii Magdaleny (Lewe skrzydło tylne, kwatera dolna, fragment Chrystusa ogrodnika)

47. Anioł z lutnią (Szafa, fragment Wniebowzięcia Matki
Boskiej)

48. Anioł z organkami (Szafa, fragment Wniebowzięcia Matki Boskiej)

49. Anioł opierzony (Prawe skrzydło otwarte, kwatera środkowa, fragment Pokłonu pasterzy)

50. Prorok z nakrytą głową (Obramowanie szafy)

51. Prorok (?) w turbanie (Obramowanie szafy)

52. Prorok(?); młodzieniec w turbanie (Obramowanie szafy)

53. Prorok(?) z owiniętą głową (Obramowanie szafy)

54. Diabeł (Lewe skrzydło tylne, kwatera górna, fragment Chrystusa w otchłani)

55. Głowa diabła (Lewe skrzydło tylne, kwatera górna, fragment Chrystusa w otchłani)

56. Zbawieni z otchłani (Lewe skrzydło tylne, kwatera górna)

57. Ewa (Lewe skrzydło tylne, kwatera górna)

58. Uczeni w piśmie (Prawe zamknięte skrzydło, kwatera środkowa, fragment Chrystusa wśród uczonych)

59. Głowa Kallimacha(?) (Prawe zamknięte skrzydło, kwatera środkowa, fragment Chrystusa wśród uczonych)

60. Heydeke-Mirika(?)
(Prawe zamknięte skrzydło,
kwatera środkowa, fragment
Chrystusa wśród uczonych)

61. Młodsi dyskutanci (Prawe zamknięte skrzydło, kwatera środkowa, fragment Chrystusa wśród uczonych)

. Św. Piotr i Malchus (Prawe skrzydło zamknięte, kwatera górna, fragment Pojmania)

63. Głowa siepacza (Prawe skrzydło zamknięte, kwatera gó
na, fragment Pojmania)

54. Głowy siepaczy (Prawe skrzydło zamknięte, kwatera górna, fragment Pojmania)

65. Św. Anna z gołębicą (Prawe skrzydło zamknięte, kwatera
dolna, fragment Ofiarowania Chrystusa)

66. Św. Hieronim (Prawy żagielek nad łukiem szafy)

67. Dłonie Marii i św. Jakuba (?) (Szafa, fragment Zaśnięcia

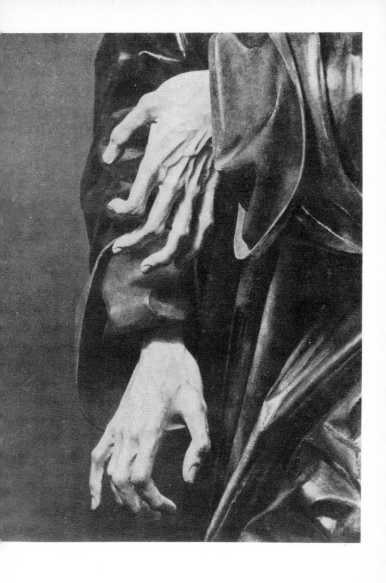

8. Dłonie apostoła z kadzielnicą (Szafa, fragment Zaśnięcia)

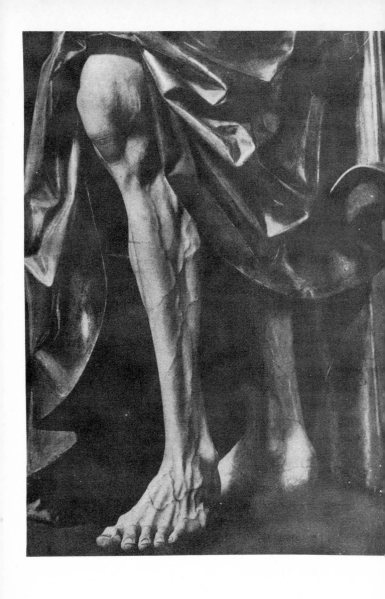

69. Nogi apostoła (Szafa, fragment Zaśnięcia)

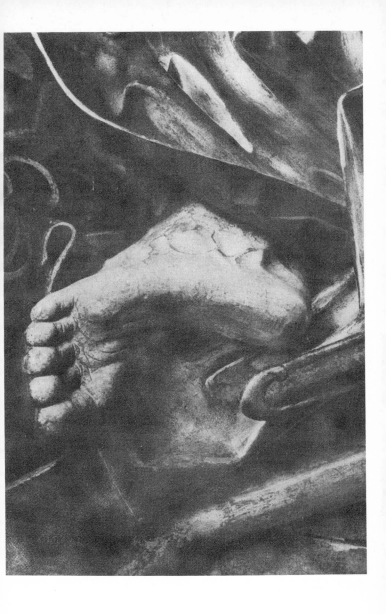

70. Stopa anioła (Lewe skrzydło otwarte, kwatera środkowa, fragment Wniebowstąpienia)

71. Służebna z dzbanem (Prawe skrzydło tylne
kwatera środkowa, fragment Narodzin Marii)

72. Apostoł w płaszczu rozciętym (Lewe skrzydło otwarte, kwatera środkowa, fragment Wniebowstąpienia)

73. Jeden z mężczyzn w płaszczu kolistym (Lewe skrzydło zamknięte, kwatera środkowa, fragment Opłakiwania)

4. Setnik w kubraku i mężczyzna w szubie z potrzebami (Wit Stwosz?) (Lewe skrzydło zamknięte, kwatera górna, fragment Ukrzyżowania)

75. Szaty o fałdach małżowinowych (Prawe skrzydło tylne
kwatera górna, fragment Spotkania Joachima ze św. Anną

76. Szaty o fałdach łamanych (Lewe skrzydło zamknięte,
kwatera środkowa, fragment Opłakiwania)

77. Typ wschodni z plecionymi wąsami i w okrągłej czapeczce
(Prawe skrzydło otwarte, kwatera dolna, fragment Hołdu
Trzech Króli)

78. Młodzieniec w kapturze-chuście (Lewe skrzydło zamknięte, kwatera środkowa, fragment Opłakiwania)

79. Król w turbanie (Prawe skrzydło otwarte, kwatera dolna, fragment Hołdu Trzech Króli)

80. Położna w czepcu (Prawe skrzydło tylne, kwatera środkowa, fragment Narodzin Marii)

81. Rycerz w zbroi norymberskiej (Baldachim nad
Wniebowzięciem Marii)

32. Żołdak w zbroi fantastycznej i pancerzu łuskowym (Prawe skrzydło zamknięte, kwatera górna, fragment Pojmania)

83. Trzewik ze sprzączkami (Prawe skrzydło tylne, kwatera
górna, fragment Spotkania Joachima ze św. Anną)

4. Buty spiczaste (poulaines) z ostrogami (Prawe skrzydło
twarte, kwatera dolna, fragment Pokłonu Trzech Króli)

85. Tasak z trzema zapasowymi nożami (Lewe skrzydło za
mknięte, kwatera górna, fragment Ukrzyżowania)

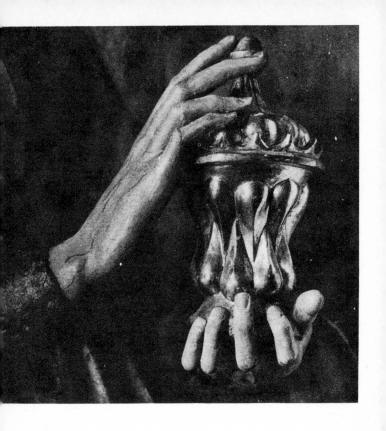

6. Puszka puklowana (Prawe skrzydło otwarte, kwatera dolna, fragment Hołdu Trzech Króli)

87. Pulpit z księgami i dzban z misą (Prawe skrzydło otwarte
kwatera górna, fragment Zwiastowania)

8. Księga otwarta (Lewe skrzydło otwarte, kwatera dolna, fragment Zesłania Ducha Św.)

89. Ława-skrzynia (Lewe skrzydło otwarte, kwatera dolna
fragment Zesłania Ducha Św.)

90. „Martwa natura" z ławą (Prawe skrzydło tylne, kwatera środkowa, fragment Narodzin Marii)

91. Górzysty krajobraz z zamkiem (Lewe skrzydło zamknięte, kwatera dolna, fragment Złożenia do grobu)

92. Zamek skalny (Prawe skrzydło otwarte, kwatera środkowa, fragment Pokłonu pasterzy)

93. Zagroda paster-
ska i zamek (Prawe
skrzydło otwarte,
kwatera dolna, frag-
ment Bożego Naro-
dzenia) (Pokłonu
pasterzy)

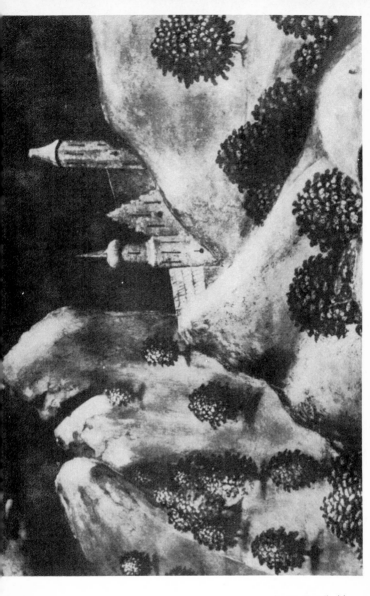

94. Pagóry z drze-
wami i kościołem
(Lewe skrzydło za-
mknięte, kwatera
górna, fragment
Ukrzyżowania)

95. Konwalia i osty (Lewe skrzydło tylne, kwatera dolna, fragment tablicy z Chrystusem ogrodnikiem)

96. Mniszek lekarski (Lewe skrzydło tylne, kwatera środkowa, fragment tablicy z Trzema Mariami u grobu)

97. Rozeta ze stylizowanego mniszka lekarskiego(?) (Lewe
skrzydło otwarte, kwatera górna, fragment sceny Zmartwychwstania)

98. Fiołek wonny (Prawe skrzydło otwarte, kwatera dolna,
fragment Hołdu Trzech Króli)

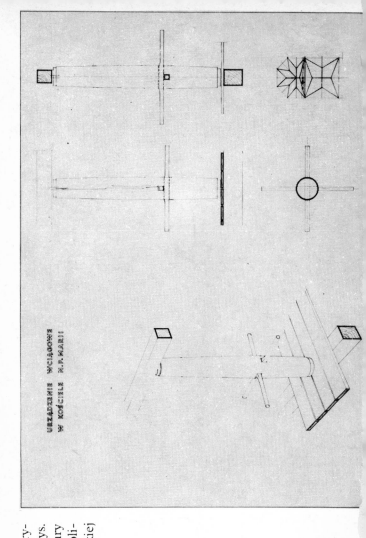

99. Walec kołowrotu na strychu kościoła Mariackiego; rys.
Instytutu Historii Architektury
i Konserwacji Zabytków Politechniki Krakowskiej